BUKU MASAK JEPUN UNTUK MASAKAN SETIAP HARI

MASAKAN TRADISIONAL
JEPUN DALAM 100 RESIPI
LAZAT

M. Vijaya

Hak cipta terpelihara.

Penafian

Maklumat yang terkandung dalam eBook ini bertujuan untuk berfungsi sebagai koleksi strategi yang komprehensif yang telah dilakukan oleh pengarang eBook ini. Ringkasan, strategi, petua dan helah hanyalah cadangan oleh pengarang, dan membaca eBook ini tidak akan menjamin bahawa keputusan seseorang akan betul-betul mencerminkan hasil pengarang. Pengarang eBook telah melakukan segala usaha yang munasabah untuk memberikan maklumat terkini dan tepat untuk pembaca eBook. Pengarang dan sekutunya tidak akan bertanggungjawab atas sebarang kesilapan atau peninggalan yang tidak disengajakan yang mungkin ditemui. Bahan dalam eBook mungkin termasuk maklumat oleh pihak ketiga. Bahan pihak ketiga terdiri daripada pendapat yang dinyatakan oleh pemiliknya. Oleh itu, pengarang eBook tidak memikul tanggungjawab atau liabiliti untuk sebarang bahan atau pendapat pihak ketiga.

EBook adalah hak cipta © 2022 dengan semua hak terpelihara. Adalah menyalahi undang-undang untuk mengedar semula, menyalin atau mencipta karya terbitan daripada eBook ini secara keseluruhan atau sebahagian. Tiada bahagian dalam laporan ini boleh diterbitkan semula atau dihantar semula dalam apa-apa pengeluaran semula atau dihantar semula dalam apa jua bentuk sekalipun tanpa kebenaran bertulis dan ditandatangani daripada pengarang.

ISI KANDUNGAN

ISI KANDUNGAN.. 3
PENGENALAN 8
SARAPAN PAGI... 9
   1. Ramen telur dadar................................... 10
   2. Telur perap untuk ramen 13
   3. Telur ramen Bento 16
   4. Hiroshima Okonomiyaki 19
PEMAPIS & KUDAPAN..22
   5. Biskut mee pudina 23
   6. Cincin ramen goreng................................ 26
   7. Piza ramen pepperoni palsu 30
   8. Sate daging lembu ramen Thai 33
   9. Pai periuk ramen olok-olok..................... 38
HIDANGAN UTAMA...41
   10. Kuali Mee Ramen dengan Steak 42
   11. Ramen Carbonara yang Cheesy........... 45
   12. Ramen Empat Bahan 47
   13. Ramen lasagna 49
   14. Ramen serai dengan itik........................ 52
   15. Mee sichuan yang diperam................... 56
   16. Zoodles teriyaki Jepun tumis 60
   17. Mee kotak makan tengahari.................. 63
   18. Kuali ramen Hawaii 65

19. Ramen Manis Dengan Tauhu 68
20. Ramen Daging Halia 72
21. Ramen Roulade 77
22. Ramen Udang Louisiana 80
23. Ramen Bunga Matahari dengan Vinaigrette 83
24. Shoyu Ramen 86
25. Miso Ramen 89
26. Ramen Ayam Buatan Sendiri yang Mudah 91
27. Ramen Vegetarian 93
28. Mee Ramen 95
29. Ramen Babi 97
30. Ramen Segera 100
31. Ramen Daging Lembu Amerika 102
32. Mee Kimchee 106
33. Mee Miso Bakar 109
34. Ramen Kari Tropika 112
35. Ramen Panas 116
36. Makan Malam Ramen 119
37. Tumis Ramen Manis & Pedas 121
38. Ramen Tuna Parmesan 125
39. Kuali Stik Ramen 128
40. Mangkuk Ramen Teriyaki 132
41. Ramen Cili Kelapa 137
42. Tumis Kacang Hijau Ramen 140
43. Shoyu Ramen 143
44. Brokoli dan Ramen Tiram 147
45. Ramen Jepun yang Rangup 150
46. Ramen Toscano 153
47. Ramen Seoul 158

48. Kaserol Cili Ramen 161
49. Kuali Ramen Manis 164
50. Kuali Ramen Perancis 168
51. Kuali Mee Mung Bang................................ 171
52. Ramen Tumis Ayam 175
53. Popcorn Ayam... 179
54. Kaserol Ayam dan Brokoli........................ 183
55. Sayap Ramen Ayam Berkulit Mee 186
56. Mee Perut Babi... 190
57. Ramen Pork Chop Panas 194
58. Babi Miso dan Ramen 198
59. Babi dan Ramen Berperisa Cili 202
60. Ramen Babi Panggang 205
61. Ramen Bijan Berperisa Halia.................... 208
62. Ramen Veggie Steak Daging Lembu 211
63. Brokoli dan Ramen Daging...................... 215
64. Ramen Bebola Daging Lembu.................. 218
65. Ramen Daging Kisar Tumis...................... 222
66. Ramen dan Mangkuk Ikan Berperisa Bawang Putih 225
67. Tuna dengan Ramen 228
68. Makanan Laut dan Ramen Yang Dimasak Perlahan.. 230
69. Sayur Tumis dan Ramen........................... 233
70. Sayur Panggang dengan Ramen 236
71. Ramen Vegan yang mudah....................... 239
72. Ramen Limau Lada Loceng Merah............ 242
73. Yakisoba... 245

SUP & SALAD 248

74. Salad Mee Ramen 249
75. Sup ramen bayi.. 252
76. Mee Nori sup 255
77. Salad ramen epal 258
78. Ramen sup bijan 262
79. Sambal ramen salad... 266
80. Krim ramen & cendawan................................. 269
81. Salad ramen serrano saus.............................. 272
82. Salad ramen mandarin 276
83. Mee kari sup... 279
84. Salad kacang dan mi berkrim 283
85. Mee sup cendawan Jepun 286
86. Mi Sup Ayam 289
87. Salad Mee Ayam Ramen................................. 293
88. Sup Ramen Babi 296
89. Sup Ramen Daging Mudah 300
90. Ramen Sup Ikan 303
91. Mee Sup Udang 306
92. Sup Ramen dengan Cendawan..................... 309
93. Sup Ramen Cendawan.................................... 312
94. Mi & Bebola Babi dengan Mikrohijau 315

PENJERAHAN 320

95. Ramen Dengan Sirap Coklat........................ 321
96. Ramen dengan sos strawberi 324
97. Bar mee ramen rangup 327
98. Timbunan jerami ramen Buckeye................ 330
99. Biskut Mee Ramen... 333
100. ais-krim-ramen goreng 336

KESIMPULAN..339

PENGENALAN

Orang Jepun sentiasa menikmati perhatian dunia, semuanya berkat rangkaian teknologi mereka yang dicemburui. Dan masakan mereka adalah satu lagi bidang yang sangat dikagumi oleh ramai tetapi tidak semua orang mempunyai pemahaman tentang kreativiti pantri. Nah, itu akan berubah kerana anda akan melawat sekitar 100 hidangan ramen Jepun yang luar biasa dan mudah untuk dibuat di rumah. Dengan ini, anda akhirnya boleh menutup mata anda dan menikmati aroma Jepun yang tidak berkesudahan di udara.

Masakan Jepun terutamanya merangkumi khasiat wilayah dan konvensional Jepun, yang telah dibangunkan melalui ratusan tahun perubahan politik, kewangan dan sosial. Masakan adat Jepun bergantung pada nasi dengan sup miso dan hidangan yang berbeza; terdapat penekanan pada bahan bermusim.

SARAPAN PAGI

1. Telur dadar ramen

Hidangan: 6

bahan-bahan

- 2 (3 oz.) bungkusan mee ramen, dimasak
- 6 biji telur
- 1 lada benggala merah, dicincang
- 1 lobak merah besar, parut
- 1/2 C. keju parmesan, parut

Arah

a) Dapatkan mangkuk adunan: Campurkan di dalamnya telur dengan 1 paket perasa ramen.

b) Masukkan mee, lada benggala dan lobak merah. Gaul sebati.

c) Sebelum anda melakukan apa-apa lagi, panaskan ketuhar kepada 356 F.

d) Griskan loyang muffin dengan sedikit mentega atau semburan masak. Sudukan adunan ke dalam loyang.

e) Teratas muffin dengan keju parmesan. Masak muffin dalam ketuhar selama 16 minit. Hidangkan mereka hangat. Nikmati.

2. Telur perap untuk ramen

Hidangan: 1

bahan-bahan

- 6 biji telur
- 1 sudu besar cuka beras
- 2 sudu besar kicap
- 1 sudu teh gula
- 1/2 sudu teh minyak bijan

Arah

a) Letakkan periuk di atas api sederhana. Letakkan telur di dalamnya dan tutup dengan air. Masak mereka sehingga mereka mula mendidih.

b) Tutup api dan letakkan di atas tudung. Biarkan telur duduk selama 10 minit. Apabila masanya tamat, toskan telur dan letakkan dalam mangkuk. Tutup mereka dengan sedikit air sejuk dan biarkan mereka duduk selama 6 minit. Kupas mereka dan letakkan di tepi.

c) Dapatkan periuk kecil yang berat: Pukul di dalamnya cuka, kicap, gula dan minyak bijan untuk membuat perapan.

d) Masak mereka dengan api sederhana sehingga mereka mula mendidih. Tutup api dan ketepikan bahan perapan sehingga suam.

e) Letakkan telur dalam balang mason besar dan tuangkan perapan ke atasnya. Tutup dan letakkan di tepi untuk duduk selama 1 hari.

f) Setelah masa tamat, toskan telur dan hidangkan bersama ramen anda.

g) Nikmati.

3. Telur ramen Bento

Hidangan: 4

bahan-bahan

- 6 biji telur besar
- 1 sudu besar baking soda
- Sos perasa
- ¼ cawan. Demi
- ¼ cawan asas sup berperisa Mizkan Bonito atau sebarang asas sup
- 5 sudu besar kicap
- 4 sudu besar mirin

Arahan

a) Dalam periuk kecil, tuangkan air masukkan soda penaik, biarkan mendidih. Masukkan telur dan masak selama 10 minit apabila air mendidih

b) Dalam periuk lain, kacau semua Bahan sos dan masak selama 5 minit. Padamkan api dan letakkan untuk sejuk

c) Apabila telur telah siap, keluarkan dan sejukkan ais. Pecah dan kupas kulitnya, masukkan ke dalam bekas

d) Tuangkan sos yang telah disejukkan ke atas telur, pastikan telur siap direndam dalam sos. Biarkan di dalam peti sejuk semalaman

e) Apabila sudah siap, keluarkan dari peti ais hiris setiap satunya, dan hidangkan

4. Hiroshima Okonomiyaki

Hidangan: 2

bahan-bahan:

- Air, dua sudu besar
- Telur, tiga
- Bacon, enam jalur
- Kubis, 150g
- Tepung Okonomiyaki, setengah cawan
- Sos Okonomiyaki, dua sudu besar
- Serpihan bonito, seperti yang diperlukan
- Mee Yakisoba, dua cawan
- Halia jeruk, satu sudu teh
- Rumpai laut Aonori, seperti yang diperlukan

Kaedah:

a) Campurkan tepung okonomiyaki dengan air, dan sebiji telur sehingga anda mendapat adunan yang licin tanpa berketul.

b) Masukkan hanya di bawah separuh adunan ke dalam kuali dalam bulatan sekata yang bagus.

c) Masukkan separuh daripada kobis dan separuh daripada taugeh di atas adunan dan kemudian bacon.

d) Tuangkan satu sudu besar adunan di bahagian atas adunan dan biarkan masak selama kira-kira sepuluh minit sebelum dibalikkan.

e) masak satu hidangan yakisoba & alihkan okonomiyaki di atas mee.

f) Pecahkan telur dalam mangkuk dan pecahkan kuning telur sebelum dituangkan dalam kuali pertama ke tepi okonomiyaki.

g) Letakkan okonomiyaki di atas telur dan biarkan masak selama dua minit.

h) Hiaskan dan hidangkan.

PEMAPIS & KUDAPAN

5. Biskut mee pudina

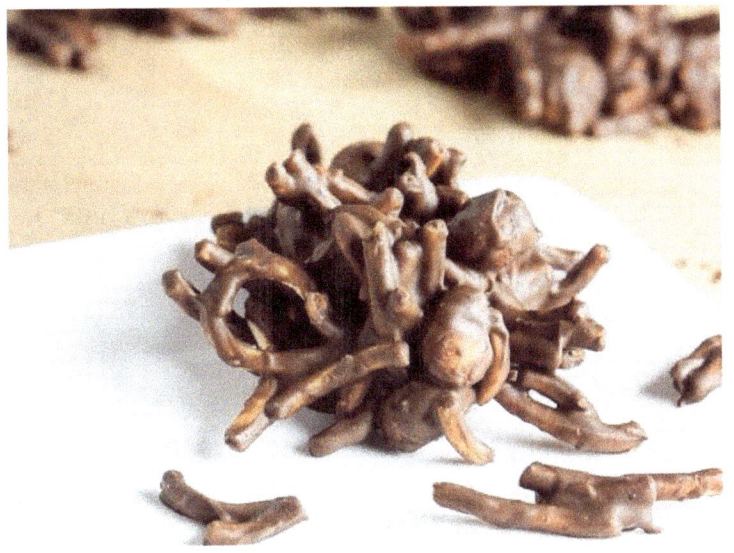

Hidangan: 24

bahan-bahan

- 4 (3 oz.) peket mee ramen, belum masak
- 1 (16 oz.) beg cip coklat gelap
- 12-14 titik ekstrak pudina
- 1-2 titis ekstrak pudina lembing
- 1-2 titis ekstrak wintergreen
- 24 batang lolipop
- 1/2 sudu teh mentega (pilihan)

Arah

a) Pecahkan mee dan masukkan ke dalam mangkuk adunan. Letakkan periuk di atas api perlahan. Masukkan cip coklat dengan mentega sehingga cair.

b) Masukkan ekstrak pudina. Masak mereka selama 1 minit. Tuang adunan ke seluruh mee dan gaul rata.

c) Gunakan satu sudu besar untuk menyenduk adunan dalam bentuk biskut di atas loyang yang berbaris. letakkan kuali di dalam peti sejuk selama sekurang-kurangnya 1 jam. Hidangkan biskut anda dengan topping kegemaran anda.

d) Nikmati.

6. ramen goreng cincin

Hidangan: 1

bahan-bahan

- Adunan untuk menggoreng, simpan 2 C.
- 1 C. tepung naik sendiri
- 1 sudu teh garam
- 1/4 sudu teh lada
- 2 biji telur, dipukul
- 1 C. bir, atau susu
- Bawang besar
- 2 (3 oz.) bungkusan mee ramen, paket minyak simpanan, untuk menggoreng
- 1 biji bawang besar Vidalia, dibumbui

Arah

a) Dapatkan mangkuk adunan yang besar: Pukul tepung, telur, bir, secubit garam dan lada sulah.

b) Dapatkan pemproses makanan: Potong satu ramen kepada separuh dan proses di dalamnya sehingga ia menjadi kisar. Masukkan ke dalam adunan tepung dan gaul rata. Hancurkan ramen yang lain dan letakkan di dalam pinggan cetek. Masukkan padanya paket perasa dan gaul rata.

c) Letakkan kuali besar di atas api sederhana. Isi 3/4 inci dengan minyak dan panaskan.

d) Salutkan cincin bawang dengan adunan tepung dan celupkan ke dalam adunan mee yang telah dihancurkan. Masukkan ke dalam minyak panas dan masak sehingga kekuningan.

e) Hidangkan cincin bawang anda dengan saus kegemaran anda.

f) Nikmati.

7. Piza ramen pepperoni palsu

Hidangan: 6

bahan-bahan

- 1 (3 oz.) bungkusan mi ramen, sebarang perisa
- 1 sudu besar minyak zaitun
- 1 (14 oz.) balang sos spageti
- 1 C. keju mozzarella rendah lemak, dicincang
- 3 oz. pepperoni ayam belanda
- 1/2 sudu teh oregano kering

Arah

a) Sebelum anda melakukan apa-apa, panaskan dahulu ayam pedaging ketuhar.

b) Sediakan mee mengikut arahan pada bungkusan tanpa paket perasa. Toskan ia.

c) Letakkan kuali kalis ketuhar yang besar di atas api sederhana. Panaskan minyak di dalamnya. Tumis mee di dalamnya dan tekan ke bahagian bawahnya selama 2 minit untuk membuat kerak.

d) Tuangkan sos ke seluruh mee dan atasnya dengan 2 oz. hirisan pepperoni. Taburkan keju di atas diikuti dengan baki pepperoni dan oregano.

e) Pindahkan kuali ke dalam ketuhar dan masak selama 2 hingga 3 minit atau sehingga keju cair.

f) Biarkan pizza anda hilang api selama 6 minit. hidangkan la.

g) Nikmati.

8. Sate daging lembu ramen thai

Hidangan: 4

bahan-bahan

Perap

- 2 sudu besar kicap
- 2 sudu besar jus limau nipis
- 1 1/2 sudu teh gula
- 1 1/2 sudu teh halia segar, parut, dikupas
- 1 ulas bawang putih, parut (pilihan)
- 1/4 sudu teh serpihan lada merah (pilihan)
- 2 paun stik flank, dihiris nipis melawan bijirin

Kacang Ramen Glaze

- 1 sudu besar jus limau nipis
- 1 sudu teh gula
- 1 sudu teh halia segar, parut dan dikupas

- 1/3 C. mentega kacang berkrim
- 1/3 C. air
- 1 sudu besar kicap
- 1/4 sudu teh serpihan lada merah (pilihan)
- 1/4 C. kacang tanah panggang, dicincang
- 3 biji bawang hijau, dihiris
- minyak sayuran, untuk memanggang
- 2 (3 oz.) bungkusan mee ramen, masak, paket dikeluarkan

Arah

a) Letakkan 12 lidi kayu dalam sedikit air dan biarkan selama 16 minit. Dapatkan kuali panggang: Campurkan di dalamnya 2 sudu besar setiap kicap dan jus limau nipis dan 1 1/2 sudu teh setiap gula dan halia, bawang putih dan/atau 1/4 sudu teh kepingan lada merah pilihan untuk membuat perapan.

b) Masukkan hirisan daging lembu ke dalam perapan dan toskan hingga bersalut. Letakkannya di tepi untuk duduk selama 12 minit.

c) Dapatkan pemproses makanan: Satukan di dalamnya 1 sudu besar jus limau nipis, 1 sudu teh gula, dan 1 sudu teh halia dengan mentega kacang dan 1/3 C. air. Proses mereka sehingga mereka menjadi licin.

d) Masukkan baki kicap dan proses semula. Tuang adunan dalam mangkuk adunan kecil.

e) Kacau di dalamnya kacang tanah cincang dan bawang hijau dan pilihan baki 1/4 sudu teh kepingan lada merah untuk membuat sos. Sebelum anda melakukan apa-apa lagi, panaskan gril dan griskannya.

f) Toskan hirisan daging lembu dan masukkan ke dalam lidi kayu. Masak hirisan daging lembu di atas panggangan selama 4 hingga 5 minit pada setiap sisi.

g) Sudukan mee ke dalam mangkuk hidangan. Siramkan kuah kacang ke atasnya dan letak atasnya dengan daging lembu panggang. Hidangkan mereka panas. Nikmati.

9. Olok-olok pai periuk ramen

Hidangan: 4

bahan-bahan

- 2 (3 oz.) bungkusan mee ramen
- 1 lb daging lembu kisar
- 1 (15 oz.) tin jagung manis
- 1/2 C. bawang besar, dicincang
- minyak sayuran

Arah

a) Sebelum anda melakukan apa-apa, panaskan ketuhar kepada 350 F.

b) Sediakan mee mengikut Arahan pada bungkusan. Letakkan kuali besar di atas api sederhana. Panaskan percikan minyak di dalamnya. Masak di dalamnya daging lembu dengan bawang selama 12 minit.

c) Sapukan adunan di bahagian bawah loyang yang telah digris. Hiaskan dengan jagung manis dan mee ramen selepas toskan.

d) Letakkan kaserol di dalam ketuhar dan masak selama 14 hingga 16 minit. Hidangkan

HIDANGAN UTAMA

10. Kuali Mee Ramen dengan Steak

Hidangan: 2

bahan-bahan:

- Bawang, satu
- Lobak merah, setengah cawan
- Daging lembu, setengah paun
- Minyak kanola, satu sudu besar
- Sos tomato, dua sudu besar
- Garam dan lada sulah, secukup rasa
- Pati jagung, satu sudu teh
- Sup daging lembu, satu cawan
- Sake, satu sudu besar
- Telur rebus, satu
- Sos Worcestershire, satu sudu besar

Arah:

a) Dalam kuali besar di atas api sederhana tinggi, panaskan minyak.

b) Tambah stik dan goreng sehingga siap yang anda inginkan, kira-kira lima minit setiap sisi untuk medium, kemudian pindahkan ke papan pemotong dan biarkan ia berehat selama lima minit, dan kemudian potong.

c) Dalam mangkuk kecil, pukul bersama kicap, bawang putih, jus limau nipis, madu, dan cayenne sehingga sebati dan ketepikan.

d) Masukkan bawang besar, lada sulah, dan brokoli ke dalam kuali dan masak sehingga empuk, kemudian masukkan campuran kicap dan kacau sehingga bersalut sepenuhnya.

e) Masukkan mee ramen dan stik yang telah dimasak dan gaul hingga sebati.

11. Ramen Carbonara Cheesy

Hidangan: 4

bahan-bahan:

- Dashi, satu cawan
- Minyak zaitun, satu sudu besar
- Kepingan daging, enam
- Garam, seperti yang diperlukan
- Bawang putih cincang, dua
- Parsley, seperti yang diperlukan
- Keju parmesan, setengah cawan
- Susu, dua sudu besar
- Telur, dua
- Pek ramen, tiga

Kaedah:

a) Satukan semua Bahan.
b) Rebus mee mengikut arahan pakej.
c) Simpan satu perempat cawan air masak untuk melonggarkan sos kemudian, jika perlu. Toskan mee dan toskan dengan minyak zaitun supaya tidak melekat.
d) Panaskan kuali sederhana di atas api sederhana. Masak kepingan bacon sehingga perang dan garing. Masukkan mee ke dalam kuali dan toskan dengan bacon sehingga mee disalut dengan lemak bacon.
e) Pukul telur dengan garpu dan campurkan dengan keju parmesan. Tuangkan campuran telur-keju ke dalam kuali dan toskan dengan bacon dan mi.

12. Ramen Empat Bahan

Hidangan: 2

bahan-bahan

- 1 (3 oz.) bungkusan mi ramen, sebarang perisa
- 2 C. air
- 2 sudu besar mentega
- 1/4 C. susu

Arah

a) Letakkan periuk di atas api sederhana dan isikan sebahagian besarnya dengan air. Masak sehingga ia mula mendidih.

b) Kacau di dalamnya dan biarkan ia masak selama 4 minit. buang air dan letak mee dalam periuk kosong.

c) Masukkan susu dengan mentega dan campuran perasa. Masak mereka selama 3 hingga 5 minit dengan api perlahan sehingga mereka menjadi berkrim. Hidangkan hangat. Nikmati.

13. lasagna ramen

Hidangan: 4

bahan-bahan

- 2 (3 oz.) bungkusan mee ramen
- 1 lb daging lembu kisar
- 3 biji telur
- 2 C. keju parut
- 1 sudu besar bawang cincang

- 1 C. sos spageti

Arah

a) Sebelum anda melakukan apa-apa, panaskan ketuhar kepada 325 F.

b) Letakkan kuali besar di atas api sederhana. Masak di dalamnya daging lembu dengan 1 paket perasa dan bawang selama 10 minit.

c) Pindahkan daging lembu ke dalam loyang yang telah digris. Pukul telur dan masak dalam kuali yang sama sehingga ia masak.

d) Atas daging lembu dengan 1/2 C. keju yang dicincang diikuti dengan telur yang telah dimasak dan 1/2 C. keju lagi.

e) Masak mee ramen mengikut arahan pada bungkusan. Toskan dan toskan dengan sos spageti.

f) Sapukan adunan ke seluruh lapisan keju. Teratas dengan baki keju. Masak dalam ketuhar selama 12 minit. hidangkan lasagna anda hangat. Nikmati.

14. Ramen serai dengan itik

Hidangan: 4

bahan-bahan

- 5 C. air
- 4 C. stok ayam
- 2 biji cili merah, buang biji dan belah dua
- 8 keping halia
- 3 sudu besar jus lemon
- 3 tangkai serai
- 2 tangkai ketumbar
- 1 ekor itik barbeku Cina, dibuang tulang dan dicincang
- 4 bawang merah, dicincang
- 150 g mi ramen kering
- taugeh, untuk hiasan
- cili merah, untuk hiasan
- ketumbar, untuk hiasan

- 3 tandan bok choy

- garam

- lada putih

Arah

a) Letakkan periuk besar di atas api sederhana. Masukkan air dengan stok dan biarkan mendidih.

b) Hancurkan serai bersama ketumbar dan masukkan ke dalam periuk bersama lengkuas, cili dan air limau nipis. Biarkan mereka masak selama 22 minit. Setelah masa tamat, tuangkan adunan ke dalam colander dan toskan. Kacau adunan toskan ketepikan.

c) Masukkan cecair longkang ke dalam periuk. Masukkan bawang merah bersama itik dan masak selama 5 minit.

d) Sediakan mee mengikut Arahan pada bungkusan tanpa paket perasa. Kacau bok choy ke dalam sup dan biarkan ia masak selama 6 minit tambahan.

e) Hidangkan sup anda panas dengan topping kegemaran anda.

f) Nikmati.

15. Mee sichuan yang diperam

Hidangan: 2

bahan-bahan

sos

- 1/2 sudu besar kacang hitam yang diperam
- 2 sudu besar pes cili api
- 1/2 sudu besar wain Shaoxing atau 1/2 sudu besar sherry kering
- 1 sudu teh kicap
- 1 sudu teh minyak bijan
- 1 sudu teh gula
- 1/2 sudu teh lada Sichuan yang dikisar

mi

- 1 sudu besar minyak kacang tanah atau 1 sudu besar minyak sayuran
- 4 oz. daging babi yang dikisar atau 4 oz. daging lembu kisar

- 2 daun bawang, bahagian hijau putih dipisahkan dicincang
- 1 ulas bawang putih, dikisar
- 1 sudu teh halia segar, dicincang
- 3 C. stok ayam
- 1 lb tauhu, kiub
- 2 (4 oz.) bungkusan mee ramen, paket dikeluarkan

Arah

a) Dapatkan mangkuk adunan kecil: Hancurkan di dalamnya kacang hitam dengan pes cili, wain beras, kicap, minyak bijan, gula dan lada Sichuan sehingga ia menjadi licin.

b) Letakkan kuali besar di atas api sederhana. Panaskan minyak di dalamnya. Coklat di dalamnya daging babi selama 3 minit.

c) Masukkan putih daun bawang, bawang putih, dan halia dan masak selama 1 minit dengan api perlahan.

d) Masukkan bancuhan kacang hitam bersama kuahnya ke dalam kuali. Masak mereka sehingga mereka mula mendidih. Kecilkan api dan masukkan tauhu. Biarkan mereka masak selama 6 minit.

e) Sediakan mee mengikut Arahan pada bungkusan.

f) Sudukan ke dalam mangkuk hidangan dan letakkan adunan tauhu.

g) Hidangkan mee panas anda.

h) Nikmati.

16. Zoodles teriyaki Jepun tumis

Hidangan: 4

bahan-bahan

- 2 sudu besar minyak sayuran
- 1 bawang sederhana, dihiris nipis
- 2 zucchini sederhana, dipotong menjadi jalur nipis
- 2 sudu besar sos teriyaki
- 1 sudu besar kicap
- 1 sudu besar bijan bakar
- lada hitam tanah

Arah

a) Letakkan kuali besar di atas api sederhana. Panaskan minyak di dalamnya. Masukkan bawang dan masak selama 6 minit.

b) Masukkan zucchini dan masak selama 2 minit. Masukkan bahan-bahan yang tinggal dan masak selama 6 minit.

Hidangkan tumisan anda dengan segera. Nikmati.

17. Mee kotak makan tengahari

Hidangan: 1

bahan-bahan

- 1 (3 oz.) bungkusan mee ramen
- 1/2 C. kacang pea beku
- 1 sudu besar mentega
- 1 sudu besar keju parmesan

Arah

a) Didihkan periuk besar air. Hancurkan mee dan kacau ke dalam air panas bersama kacang.

b) Masak mereka sehingga mereka mula mendidih. Tuangkan adunan ke dalam colander dan buang airnya.

c) Dapatkan mangkuk adunan: Masukkan campuran mi panas dengan mentega, parmesan dan 1/3 paket perasa ramen. Hidangkan mangkuk mi anda hangat.

d) Nikmati.

18. Kuali ramen Hawaii

Hidangan: 2

bahan-bahan

- 6 oz. Spam
- 1 lada benggala hijau, digoreng, dicincang
- 1/2 C. bawang besar, dipotong dadu
- 1 (3 oz.) bungkusan mee ramen
- 1 ulas bawang putih, kupas dan potong dadu
- 1/4 sudu teh garam
- 1/4 sudu kecil lada hitam yang dikisar
- 1 sudu besar minyak zaitun
- 1/2 sudu teh mentega

Arah

a) Letakkan periuk besar di atas api sederhana. Masak di dalamnya 2 C. air sehingga mereka mula mendidih.

b) Letakkan di dalamnya mee tanpa bungkusan perasa. Toskan dan letak tepi.

c) Letakkan kuali besar di atas api sederhana. Panaskan mentega di dalamnya sehingga ia cair dengan minyak zaitun. Masak di dalamnya bawang selama 3 minit.

d) Masukkan Spam, lada benggala dan bawang putih. Masak mereka selama 4 minit.

e) Masukkan 1/2 C. cecair memasak mi bersama mee yang telah di toskan.

f) Biarkan selama 1 minit kemudian hidangkan hangat.

g) Nikmati.

19. Ramen manis dengan tauhu

Hidangan: 1

bahan-bahan

- 1 bungkus mee ramen perisa ayam
- 2 C. air
- 2 sudu besar minyak sayuran
- 3 keping tauhu, tebal 1/4 inci
- 2 C. taugeh soya
- 1/2 zucchini kecil, dihiris nipis
- 2 biji bawang hijau, dihiris
- 1/2 C. buah kacang hijau manis
- tepung
- garam perasa
- minyak bijan

Arah

a) Potong setiap bahagian tauhu kepada 3 bahagian. Taburkan mereka dengan sedikit tepung. Letakkan kuali besar di atas api sederhana. Panaskan 1 sudu besar minyak di dalamnya.

b) Masak tauhu di dalamnya selama 1 hingga 2 minit pada setiap sisi. Toskan dan letak tepi. Panaskan percikan minyak dalam kuali yang sama. Tumis sayur di dalamnya selama 6 minit. Letakkannya di tepi.

c) Masak mee. Kacau dalam bungkusan perasa.

d) Letakkan kuali besar di atas api sederhana. Panaskan percikan minyak di dalamnya.

e) Masak di dalamnya taugeh selama 1 minit.

f) Letakkan taugeh goreng di bahagian bawah mangkuk hidangan. Hiaskan dengan ramen, sayur masak dan tauhu. Hidangkan mereka panas. Nikmati.

20. Ramen daging halia

Hidangan: 4

bahan-bahan

- 14 oz. mee ramen kering
- 12 oz. daging sirloin, separuh beku untuk memudahkan penghirisan
- 1 1/2 liter stok ayam
- 1 inci ketul halia, dihiris kasar
- 2 ulas bawang putih, dibelah dua
- 2 sudu besar sake
- 3 sudu besar shoyu, ditambah
- 1 sudu besar shoyu, untuk menumis
- 1 bok choy, dipotong dan dicincang nipis
- 2 sudu besar minyak kacang tanah
- 8 biji cendawan shitake kering, direndam
- garam laut, secukup rasa
- lada hitam tanah segar, secukup rasa

Arah

a) Sediakan mee mengikut arahan pada bungkusan.

b) Buang air dan letak mee ke tepi.

c) Potong daging lembu menjadi kepingan nipis.

d) Letakkan periuk besar di atas api sederhana. Panaskan stok di dalamnya. Masukkan halia dengan bawang putih dan masak selama 12 minit dengan api perlahan.

e) Setelah masa tamat, toskan halia dengan bawang putih dan buangnya. Masukkan sake, shoyu dan garam dan lada sulah ke dalam sup.

f) Letakkan kuali besar di atas api sederhana. Panaskan 1 sudu besar minyak di dalamnya. Tumiskan baby bok choy di dalamnya selama 3 minit. Toskan dan letak tepi.

g) Panaskan baki minyak dalam kuali yang sama. Tumis di dalamnya daging lembu dengan cendawan selama 4 minit. Kacau ke dalamnya shoyu dengan secubit garam dan lada sulah.

h) Kacau mee dalam sedikit air panas untuk memanaskannya kemudian toskan. Letakkannya dalam mangkuk hidangan kemudian tambahkannya dengan daging lembu, shitake, dan bok choy. Tuangkan air rebusan ayam ke atasnya. Hidangkan segera.

i) Nikmati.

21. Ramen roulade

Hidangan: 6

bahan-bahan

- 1 1/2 paun stik rusuk
- 3 sudu besar garam perasa
- lada
- 1 biji telur, dipukul
- 1 sudu besar air
- 1 sudu besar tepung
- 1 (3 oz.) bungkusan Mee Ramen teratas, paket pencungkil gigi yang dibuang
- 2 sudu besar sos stik

Arah

a) Sebelum anda melakukan apa-apa, panaskan ketuhar hingga 350 F.

b) Letakkan 2 stik flank pada lebar. Ratakan dengan tukul dapur. Perasakan kepingan stik dengan McCormick All Seasoning, secubit garam dan lada sulah di kedua-dua belah.

c) Dapatkan mangkuk adunan kecil: CAMPURKAN di dalamnya telur dengan air. Masukkan tepung dan gaul rata.

d) Buihkan adunan pada 1 sisi kepingan stik. Pecahkan ramen kepada kepingan dan letakkan di seluruh kepingan stik.

e) Gulungkan stik di atas inti dan tutupkannya dengan pencungkil gigi. Letakkan roulades stik pada loyang yang telah digris. Masak mereka di dalam ketuhar selama 42 hingga 46 minit.

f) Siram sos stik ke atas roulade dan masak selama 12 minit tambahan. biarkan mereka berehat selama 12 minit kemudian hidangkan bersama topping kegemaran anda.

22. Ramen Udang Louisiana

Hidangan: 1

bahan-bahan

- 1 (3 oz.) bungkusan mee ramen rasa udang
- 6 ekor udang besar, kulit dan urat dibuang
- 1 sudu besar mentega
- 1/4 sudu teh serbuk bawang putih
- 1 sudu teh perasa kreol
- 1/4 sudu kecil lada hitam
- 1/2 sudu teh sos panas

Arah

a) Potong mee separuh dan sediakan mengikut Arahan pada bungkusan tanpa paket perasa.

b) Letakkan kuali besar di atas api sederhana. Cairkan mentega di dalamnya.

Tumis udang di dalamnya dengan serbuk bawang putih, perasa kreol, dan lada hitam selama 6 minit.

c) Tuangkan mee dengan 1/4 C. cecair memasak ke dalam mangkuk hidangan.

d) Taburkan dengan udang dan sos pedas kemudian hidangkan hangat.

e) Nikmati.

23. Ramen bunga matahari dengan vinaigrette

Hidangan: 8

bahan-bahan

Ramen

- 16 oz. kobis yang dicincang, atau campuran coleslaw
- 2/3 C. biji bunga matahari
- 1/2 C. badam dihiris
- 3 beg mee ramen segera rasa timur, rangup, belum masak, paket disimpan
- 1 tandan bawang hijau, dicincang

Vinaigrette

- 1/2 C. minyak
- 3 sudu besar cuka wain merah
- 3 sudu besar gula
- 2 sudu kecil lada
- 3 bungkusan perasa daripada mee ramen segera berperisa timur

Arah

a) Dapatkan mangkuk adunan yang besar: Masukkan bahan salad ke dalamnya.

b) Dapatkan mangkuk adunan kecil: Pukul di dalamnya Bahan pembalut.

c) Siramkan dressing ke atas salad dan toskan hingga berlapis. Hidangkan segera.

d) Nikmati.

24. Shoyu Ramen

Hidangan: 4

bahan-bahan:

- Chashu, satu cawan
- Nitamago, seperti yang diperlukan
- Shiitake, seperti yang diperlukan
- La-yu, seperti yang diperlukan
- Nori, separuh cawan
- Ramen, empat bungkus
- Dashi, setengah cawan

Arah:

a) Dalam periuk air mendidih masin, masak ramen, kacau dengan penyepit atau penyepit sehingga masak, kira-kira satu minit.

b) Dalam periuk kecil di atas api sederhana, panaskan dashi dan shiitake sehingga hampir mendidih.

c) Masak selama satu minit dan keluarkan dari api.

d) Ketepikan shiitake.

e) Masukkan dashi dan mi ke dalam mangkuk hidangan.

f) Teratas dengan chashu, nitamago, shiitake, bawang hijau, renyai-renyai layu, dan nori, jika mahu.

25. Miso Ramen

Hidangan: 2

bahan-bahan:

- Pes miso, 1 sudu besar
- Campurkan sayur-sayuran, 1 cawan
- Ramen, 2 bungkus
- Kicap, 1 sudu besar

Arah:

a) Masak ramen, dan rebus sayur-sayuran.
b) Sekarang campurkan semua bahan yang tinggal, dan hidangkan panas.

26. Ramen Ayam Buatan Sendiri yang ringkas

Hidangan: 2

bahan-bahan:

- Ayam, satu cawan
- Mee ramen, dua bungkus
- Minyak, satu sudu teh
- Garam dan lada sulah secukup rasa

Arah:

a) Masak ramen, dan ayam.
b) Sekarang campurkan semua Bahan lain, dan hidangkan panas.

27. Ramen Vegetarian

Hidangan: 2

bahan-bahan:

- Campurkan sayur-sayuran, satu cawan
- Mee ramen, dua bungkus
- Minyak, satu sudu teh
- Garam dan lada sulah secukup rasa

Arah:

a) Masak ramen, dan sayur-sayuran.
b) Sekarang campurkan semua Bahan lain, dan hidangkan panas.

28. Mi ramen

Hidangan: 2

bahan-bahan:

- Mee ramen, dua bungkus
- Pes miso, dua sudu besar
- Kicap, satu sudu besar

Arah:

a) Campurkan semua bahan bersama, dan masak dengan baik selama sepuluh minit.
b) Hidangan anda sedia untuk dihidangkan.

29. Ramen babi

Hidangan: 2

bahan-bahan:

- Daging babi, satu cawan
- Mee ramen, dua bungkus
- Minyak, satu sudu teh
- Garam dan lada sulah secukup rasa

Arah:

a) Masak ramen, dan daging babi.
b) Sekarang campurkan semua Bahan, dan hidangkan panas.

30. Ramen segera

Hidangan: 2

bahan-bahan:

- Mee ramen segera, dua bungkus
- Campuran rempah segera, dua sudu besar
- Air, tiga cawan

Arah:

a) Campurkan semua bahan dan masak selama sepuluh minit.
b) Hidangan anda sedia untuk dihidangkan.

31. Ramen daging lembu Amerika

Hidangan: 4

bahan-bahan

- 1 lb daging lembu, toskan
- 3 (3 oz.) peket mi ramen rasa daging lembu
- 5 C. air mendidih
- 1/4-1/2 C. air
- 1 (16 oz.) tin jagung
- 1 (16 oz.) tin kacang
- 1/4 C. kicap
- 1/2 sudu kecil lada merah kisar
- 1 biji kayu manis
- 2 sudu teh gula

Arah

a) Letakkan kuali besar di atas api sederhana. Panaskan percikan minyak di dalamnya. Masukkan daging lembu dan masak selama 8 minit. Letak tepi.

b) Letakkan periuk besar di atas api sederhana. Panaskan 5 C. air di dalamnya sehingga ia mula mendidih. Masak di dalamnya mee selama 3 hingga 4 minit.

c) Keluarkan mi dari air dan kacau ke dalam kuali dengan daging lembu.

d) Masukkan air, jagung, kacang pea, kicap, lada merah, kayu manis, gula dan 1 setengah paket perasa. Toskan mereka ke kot.

e) Biarkan mereka masak selama 6 minit sambil dikacau selalu. Hidangkan kuali ramen anda Panas.

32. Mee Kimchee

Hidangan: 2

bahan-bahan

- 1 1/2 C. kimchee
- 1 (3 oz.) bungkusan mee ramen segera rasa timur
- 1 (12 oz.) pakej Spam, kiub
- 2 sudu besar minyak sayuran

Arah

a) Masak mee mengikut arahan pada bungkusan. Letakkan kuali di atas api sederhana. Panaskan minyak di dalamnya. Tumis di dalamnya kepingan spam selama 3 minit.

b) Kacau mee selepas toskan dan masak selama 3 minit tambahan.

c) Masukkan kimchee dan masak selama 2 minit. hidangkan mee hangat.

33. Mee miso bakar

Hidangan: 2

bahan-bahan

- 4 biji telur besar, rebus
- 1 sudu besar mentega tanpa garam
- 1 C. jagung manis
- 1 sudu besar minyak zaitun
- 8 oz. bayam segar
- 1 liter stok ayam
- 1 sudu teh miso merah
- 6 oz. mi ramen
- 6 oz. ayam masak
- 4 biji bawang hijau, hiris nipis
- 1 sudu teh minyak bijan panggang, untuk meresap

Arah

a) Letakkan periuk kecil di atas api sederhana. Cairkan mentega di dalamnya. Masukkan jagung dengan secubit garam dan lada sulah kemudian panaskan. Letak tepi.

b) Letakkan kuali besar di atas api sederhana. Panaskan minyak di dalamnya. Tambah padanya bayam dan masak selama 2 minit. Letak tepi.

c) Letakkan periuk besar di atas api sederhana. Panaskan stok ayam di dalamnya sehingga ia mula mendidih. Tambah padanya pes miso dan gaul rata.

d) Masukkan mee dan masak selama 3 minit. Sudukan mee ke dalam mangkuk hidangan.

e) Atasnya dengan jagung, bayam dan ayam. Hiaskannya dengan bawang hijau, minyak bijan dan telur. Hidangkan mereka panas. Nikmati.

34. Ramen kari tropika

Hidangan: 4

bahan-bahan

- 2 (3 oz.) bungkusan mee ramen
- 1 sudu besar minyak sayuran
- 1 sudu kecil serpihan lada merah ditumbuk
- 2 ulas bawang putih, dikisar
- 1 C. kobis dicincang
- 1 C. cendawan campur yang dihiris nipis
- 1 C. brokoli dicincang
- 1 sudu besar mentega kacang
- 1 sudu besar kicap
- 1 sudu besar gula perang
- 1 C. santan
- 1 sudu kecil serbuk kari
- 1 sudu kecil sambal oelek

- 1 limau nipis, jus daripada
- 1/2 sudu teh garam
- 1 sudu besar kacang tanah hancur
- 1/4 C. ketumbar dicincang
- baji kapur

Arah

a) Sediakan mee mengikut Arahan pada bungkusan tanpa bungkusan perasa. Toskan mi dan simpan cecair masak.

b) Letakkan kuali besar di atas api sederhana. Panaskan minyak di dalamnya. Tumis bawang putih dengan lada merah di dalamnya selama 40 saat.

c) Masukkan kobis, cendawan dan brokoli. Masukkan sayur-sayuran dan masak selama 6 minit. Kacau mee ke dalam kuali dan ketepikan.

d) Letakkan kuali lain di atas api sederhana. Masukkan mentega kacang, kicap, gula merah, santan, serbuk kari, sambal oelek dan garam. Masak mereka sehingga mereka mula mendidih.

e) Masukkan mee dan sayur-sayuran yang telah dimasak dan kacau hingga menyalut. Masukkan 1/4 C. cecair masak. Masak sehingga sebati menjadi pekat. Biarkan kuali ramen berehat selama 6 minit.

f) Teratas kuali ramen dengan ketumbar dan kacang tanah kemudian hidangkan panas. Nikmati.

35. Ramen panas

Hidangan: 2

bahan-bahan

- 1 1/2 C. air
- 1 biji bawang kuning kecil, dihiris halus
- 1 rusuk saderi, dihiris halus
- 6 batang lobak merah, julienne
- 1 (3 oz.) bungkusan mee ramen, dipecahkan
- 1 (5 1/2 oz.) tin sardin dalam sos tomato
- 2-3 sudu sos panas

Arah

a) Letakkan periuk besar air di atas api sederhana. Masukkan air, bawang, saderi, dan lobak merah. Masak mereka selama 12 minit. Masukkan mee dan masak selama 3 hingga 4 minit.

b) Kacau ikan sardin dengan tomato, dan sos panas ke dalam periuk. Hidangkan panas dengan topping kegemaran anda.

36. makan malam ramen

Hidangan: 1

bahan-bahan

- 1 (6 oz.) tin tuna dalam minyak sayuran
- 1 (3 oz.) peket mi ramen, sebarang perisa
- 1/2 C. sayur campur beku

Arah

a) Letakkan kuali besar di atas api sederhana. Panaskan di dalamnya percikan minyak.

b) Masak tuna di dalamnya selama 2 hingga 3 minit.

c) Sediakan mi ramen mengikut Arahan pada bungkusan dengan sayur-sayuran.

d) Keluarkan mee dan sayur-sayuran dari air dan pindahkannya ke kuali. Kacau ke dalamnya paket perasa dan masak selama 2 hingga 3 minit.

e) Hidangkan tuna ramen anda hangat.

37. Tumis ramen manis & pedas

Hidangan: 4

bahan-bahan

- 1 (14 oz.) pembungkusan tauhu pejal tambahan, dipotong dadu
- 8 sudu teh kicap
- 2 sudu besar minyak sayuran
- 8 oz. cendawan shiitake, dihiris nipis
- 2 sudu kecil sos cili Asia
- 3 ulas bawang putih, dikisar
- 1 sudu besar halia segar parut
- 3 1/2 C. sup ayam rendah sodium
- 4 (3 oz.) bungkusan mee ramen, paket dibuang
- 3 sudu besar cuka sari
- 2 sudu teh gula
- 1 (6 oz.) beg Bayam Bayi

Arah

a) Gunakan beberapa tuala kertas untuk mengeringkan tauhu.

b) Dapatkan mangkuk adunan: Masukkan tauhu dengan 2 sudu teh kicap.

c) Letakkan kuali besar di atas api sederhana. Panaskan 1 sudu besar minyak di dalamnya. Tumis tauhu di dalamnya selama 2 hingga 3 minit pada setiap sisi kemudian toskan dan letakkan di tepi.

d) Panaskan baki minyak dalam kuali yang sama. Tumis cendawan di dalamnya selama 5 minit. Masukkan sos cili, bawang putih, dan halia. Biarkan mereka masak selama 40 saat.

e) Hancurkan ramen menjadi kepingan. Kacau ke dalam kuali dengan kuahnya dan masak selama 3 minit atau sehingga ramen habis.

f) Masukkan 2 sudu besar kicap, cuka, dan gula. Masukkan bayam dan masak selama 2 hingga 3 minit atau sehingga ia berbuih.

g) Lipat tauhu ke dalam mee kemudian hidangkan hangat.

38. Ramen tuna Parmesan

Hidangan: 1

bahan-bahan

- 1 (3 oz.) bungkusan mee ramen berperisa ayam
- 1 1/2 C. air
- 1 (6 oz.) tuna dalam tin
- 1-3 sudu besar keju parmesan
- 1 sudu besar mentega
- serpihan pasli
- lada hitam

Arah

a) Dapatkan mangkuk hidangan yang besar: Tuangkan air ke dalamnya.

b) Hancurkan mee dan masukkan ke dalam air bersama bungkusan perasa.

c) Letakkannya dalam ketuhar gelombang mikro dan masak selama 5 minit.

d) Masukkan Tuna, Parmesan, Mentega, Lada. Hidangkan panas.

e) Nikmati.

39. Kuali stik ramen

Hidangan: 4

bahan-bahan

- 1 lb daging lembu stik hujung bulat, dibuang
- 2 ulas bawang putih, dikisar
- 1 sudu besar minyak bijan ringan
- 1/4 sudu kecil lada merah dikisar
- 1 (3 oz.) bungkusan mee ramen
- 1 (1 lb) bungkusan brokoli, lobak merah dan buah berangan air
- 1 sudu kecil minyak bijan ringan
- 1 (4 1/2 oz.) balang cendawan, toskan
- 1 sudu besar kicap

Arah

a) Dapatkan mangkuk adunan: Kacau di dalamnya jalur daging lembu, bawang putih, satu sudu minyak bijan dan lada merah yang dikisar.

b) Letakkan periuk di atas api sederhana. Masak di dalamnya 2 C. air sehingga ia mula mendidih. Hancurkan mee kepada 3 bahagian.

c) Kacau dalam periuk dengan sayur-sayuran dan masak sehingga mereka mula mendidih. Kecilkan api dan masak selama 3 minit tambahan.

d) Tuangkan adunan ke dalam colander untuk mengeluarkan air. Masukkan semula mee dan sayur-sayuran ke dalam periuk.

e) Masukkan paket perasa dan kacau rata.

f) Letakkan kuali besar di atas api sederhana. Panaskan 1 sudu teh minyak bijan di dalamnya.

g) Masak di dalamnya hirisan daging lembu selama 4 hingga 5 minit atau sehingga ia siap.

h) Kacau campuran ramen dan sayuran ke dalam kuali dengan cendawan dan kicap.

Masak mereka selama 3 minit tambahan.
Hidangkan kuali anda hangat.

40. Mangkuk ramen teriyaki

Hidangan: 6

bahan-bahan

- 1 1/2 paun fillet salmon, garam kulit dan tulang & lada hitam
- 5 sudu besar perapan teriyaki
- minyak sayuran, untuk menggosok
- 2 sudu besar cuka wain merah
- 1/4 C. sos cili manis
- 6 sudu besar sos ikan Asia
- 3 sudu besar halia segar, parut
- 1 lb mee soba
- 1 sudu besar butiran bouillon segera
- 1/2 C. daun bawang, dihiris nipis
- 1 1/2 C. Bayam
- 1 sudu besar bijan, dibakar

Arah

a) Taburkan sedikit garam dan lada sulah ke atas fillet salmon.

b) Dapatkan beg kunci zip yang besar: Satukan di dalamnya fillet salmon dengan perapan teriyaki. Kedap beg dan goncangkannya untuk bersalut. Untuk membuat sos cili:

c) Dapatkan mangkuk adunan kecil: Campurkan di dalamnya cuka, sos cili, sos ikan dan halia. Letak tepi.

d) Sediakan mee mengikut Arahan pada bungkusan tanpa paket perasa.

e) Keluarkan fillet salmon dari perapan dan salutkan dengan sedikit minyak.

f) Letakkan kuali besar di atas api sederhana dan panaskannya. Masak di dalamnya fillet salmon selama 3 hingga 4 minit pada setiap sisi.

g) Masukkan separuh perapan salmon ke dalam kuali dan salutkan dengannya.

h) Letakkannya di tepi untuk duduk selama 6 minit.

i) Potong salmon menjadi kepingan kemudian masukkan bayam dengan secubit garam dan lada sulah. Masak mereka selama 2 hingga 3 minit.

j) Letakkan periuk besar di atas api sederhana. Masak 6 C. air di dalamnya sehingga mereka mula mendidih. Masukkan serbuk bouillon dan kepingan daun bawang putih.

k) Kecilkan api dan ketepikan periuk untuk membuat kuahnya.

l) Toskan mee dan letak dalam mangkuk hidangan. Tuangkan air rebusan panas ke atasnya kemudian tutup dengan isi salmon. Nikmati.

41. Ramen cili kelapa

Hidangan: 1

bahan-bahan

- 1 (3 oz.) bungkusan mee ramen
- 2 sudu besar mentega kacang
- 1 sudu teh kicap rendah natrium
- 1 1/2 sudu kecil sos cili bawang putih
- 2-3 sudu besar air panas
- 2 sudu besar kelapa parut manis

Hiaskan

- bunga brokoli
- kacang tanah
- lobak merah yang dicincang

Arah

a) Sediakan mee mengikut Arahan pada bungkusan sambil dibuang paket perasa.

b) Dapatkan mangkuk adunan besar: Pukul mentega kacang, separuh paket perasa, kicap, sos cili-bawang putih, 2-3 sudu besar air panas sehingga menjadi licin.

c) Masukkan mee ke dalam mangkuk dan toskan hingga berlapis. Hidangkan mee anda.

d) Nikmati.

42. Ramen tumis kacang hijau

Hidangan: 6

bahan-bahan

- 1 1/2 lbs kacang hijau segar
- 2 (3 oz.) bungkusan mee ramen
- 1/2 C. minyak sayuran
- 1/3 C. badam bakar
- garam, mengikut keperluan
- lada hitam, mengikut keperluan

Arah

a) Potong kacang hijau dan potong menjadi kepingan 3 hingga 4 inci. Masukkan kacang hijau ke dalam pengukus dan masak hingga lembut.

b) Dapatkan kuali besar. Masukkan minyak dengan 1 paket perasa.

c) Hancurkan 1 paket mee dan kacau ke dalam kuali. Masukkan kacang hijau kukus dan masak selama 3 hingga 4 minit.

d) Sesuaikan perasa tumisan anda kemudian hidangkan suam.

e) Nikmati.

43. Shoyu ramen

Hidangan: 2

bahan-bahan

- 2 dada ayam tanpa kulit tanpa tulang
- 2 sudu besar minyak bijan
- 3 sudu besar shoyu
- 1 sudu besar cuka beras
- 1 ulas bawang putih, dikisar
- 2 sudu teh madu
- 2 (3 oz.) bungkusan mee ramen
- 1/3 C. shoyu
- 1/3 C. cuka beras, tanpa perasa
- 2 sudu teh halia kisar
- 2 sudu besar madu
- 1 keping konbu
- 1 C. brokoli beku

Arah

a) Potong dada ayam menjadi kepingan saiz gigitan.

b) Letakkan kuali besar di atas api sederhana. Panaskan 3 sudu besar minyak bijan dengan 3 sudu besar shoyu, 1 sudu besar cuka, 1 ulas bawang putih, dan 2 sudu teh madu. Kacau mereka sehingga mereka dipanaskan walaupun.

c) Kacau ayam ke dalam kuali. Masak selama 6 hingga 8 minit atau sehingga masak. Letakkan periuk besar di atas api sederhana. Kacau di dalamnya baki shoyu, cuka, halia, dan madu. Kacau air secukupnya yang boleh menutup mee.

d) Panaskan mereka walaupun sehingga mereka madu cair. Masukkan sayur bersama konbu dan biarkan mendidih.

e) Apabila masa telah tamat, buang konbu dan kacau dalam mee. Masak mereka selama 4 minit. Sudukan ramen ke dalam mangkuk hidangan. Atasnya dengan ayam manis dan hidangkan hangat.

44. Brokoli dan ramen tiram

Hidangan: 4

bahan-bahan

- 1 paun stik sirloin atas daging lembu tanpa tulang
- 1 sudu besar kicap
- 1 sudu besar jus epal
- 2 sudu teh tepung jagung
- 2 (3 oz.) bungkusan mi ramen rasa daging lembu
- 4 C. air mendidih
- 2 sudu besar minyak zaitun
- 1 bawang, dicincang
- 3 C. kuntum brokoli beku, dicairkan dan toskan
- 3 sudu besar sos tiram
- 1 sudu besar tepung jagung

Arah

a) Letakkan stik di dalam peti sejuk sehingga ia beku separa kemudian hiris nipis.

b) Dapatkan mangkuk adunan yang besar: Pukul di dalamnya kicap, jus epal dan 2 sudu teh tepung jagung. Kacau daging lembu ke dalam adunan.

c) Dapatkan mangkuk adunan yang besar: Hancurkan mee menjadi kepingan kacau di dalamnya dengan 1 paket perasa.

d) Tambah 4 C. air ke dalam mangkuk dan kacau mereka. Tutup mangkuk dan letak tepi.

e) Letakkan kuali besar di atas api yang tinggi. Panaskan minyak di dalamnya. Tumis daging lembu di dalamnya selama 3 minit. Masukkan brokoli dan masak selama 4 minit.

f) Kacau daging lembu ke dalam kuali dan masak selama 8 hingga 12 minit. Dapatkan mangkuk adunan kecil: Pukul di dalamnya 1 C. cecair rendaman ramen, sos tiram dan 1 sudu besar tepung jagung.

g) Keluarkan mi dari air dan kacau ke dalam kuali dengan campuran tiram. Masak sehingga kuali ramen menjadi pekat.

45. Ramen Jepun yang rangup

Hidangan: 2

bahan-bahan

- 1 bungkus mee ramen
- 2 C. kobis dihiris nipis
- 1 C. bawang besar dihiris nipis
- 2 sudu besar minyak masak, bahagikan
- 1 sudu kecil serbuk halia
- 1 sudu teh minyak bijan
- sos soya

Arah

a) Masak mee ramen mengikut Arahan pada bungkusan. Toskan ia

b) Letakkan kuali besar di atas api sederhana. Panaskan 1 sudu besar minyak di dalamnya. Masak di dalamnya bawang dengan kubis selama 4 hingga 6 minit.

c) Masukkan mee dengan baki minyak. Masak mereka selama 2 minit. kacau masuk

d) selebihnya Bahan. Masak mereka selama 2 minit. Hidangkan mee anda

e) Nikmati.

46. Ramen toscano

Hidangan: 4

bahan-bahan

- 1/4 C. minyak zaitun
- 3 (3 oz.) bungkusan mi ramen, paket dikeluarkan
- 1/2 lada benggala merah, dihiris
- 1/4 biji bawang merah, hiris
- 1 lobak merah kecil, dihiris nipis
- 3 C. kuntum brokoli
- 2 sudu teh bawang putih, dikisar
- 1 sudu teh selasih
- 4 biji telur, dipukul
- Campuran Rempah
- 1/2 C. keju parmesan, parut
- 1/2 C. krim separuh setengah
- 1 sudu besar oregano

- 1/2 sudu teh garam halal
- 3/4 sudu teh paprika
- 1/4 sudu teh mustard kering
- 3/4 sudu teh adas kisar
- 3/4 sudu teh bawang putih halus
- 3/4 sudu teh bawang besar
- 1/4 sudu teh lada cayenne
- 1 secubit gula

Arah

a) Sebelum anda melakukan apa-apa, panaskan ketuhar hingga 400 F.

b) Dapatkan mangkuk adunan yang besar: Masukkan campuran perasa dengan 1/4 C. minyak zaitun. Masukkan lada benggala merah, bawang merah, bunga brokoli ke dalam adunan.

c) Kacau 1 sudu teh bawang putih cincang dan selasih.

d) Tuangkan adunan sayuran ke dalam loyang yang telah digris. Masak dalam ketuhar selama 22 minit.

e) Panaskan 4 liter air dalam periuk besar dengan api sederhana. Masak di dalamnya mee ramen selama 3 hingga 4 minit. Keluarkan mee dari air.

f) Dapatkan mangkuk adunan yang besar: Satukan di dalamnya telur yang dipukul, bawang putih cincang, keju Parmesan parut. Masukkan mee dan toskan sehingga menyaluti dengan secubit garam dan lada sulah.

g) Sapukan pinggan mangkuk dengan sedikit mentega. Tuangkan adunan mee ke dalamnya dan ratakan dalam kuali untuk membuat kerak. Sapukan sayur yang dibakar di atas kulit ramen.

h) Dapatkan mangkuk adunan kecil: Satukan di dalamnya 3 biji telur, baki 1/4 C. keju Parmesan, dan 1/2 C. separuh dan separuh krim. Gaul sebati. Tuangkan adunan ke seluruh sayur-sayuran. Tutup pai dengan sekeping foil. Masak dalam ketuhar selama 22 minit.

i) Setelah masa tamat, buang foil. Taburkan baki keju di atas dan masak pai selama 12 minit tambahan. Hidangkan hangat.

j) Nikmati.

47. Ramen Seoul

Hidangan: 2

bahan-bahan

- 1 kentang sederhana
- 1 bungkus mee ramen
- 1 biji bawang hijau, dihiris (pilihan)
- 1 biji telur besar, dipukul

Arah

a) Buang kulit kentang dan potong dadu kecil.

b) Sediakan mee mengikut Arahan pada bungkusan sambil menambah kentang ke dalamnya dan menambah 1/4 air yang diperlukan ke dalam periuk.

c) Kacau paket perasa dan masak untuk kentang sehingga ia menjadi lembut.

d) Satukan bawang hijau ke dalam periuk dan masak sehingga ramen habis.

Masukkan telur ke dalam sup sambil dikacau sepanjang masa sehingga masak.

e) Hidangkan sup anda panas.

f) Nikmati.

48. Kaserol cili ramen

Hidangan: 4

bahan-bahan

- 3 bungkus mee ramen
- 2 (15 oz.) tin cili dengan kacang
- 1 (15 oz.) tin tomato dipotong dadu
- 4-8 oz. keju parut

Arah

a) Tuang 6 C. air dalam loyang 3 liter. Letakkan penutup dan masukkan ke dalam ketuhar gelombang mikro selama 3 hingga 4 minit untuk memanaskan.

b) Gunakan kuali untuk menghancurkan sedikit ramen. Kacau mee ke dalam air panas dalam kaserol.

c) Letakkan tudung dan biarkan ia masak dalam ketuhar gelombang mikro selama 2 minit. Kacau mee dan masak selama 2 minit tambahan.

d) Buang lebihan air dari kaserol meninggalkan mee di dalamnya.

e) Masukkan tomato bersama cili dan kacau rata.

f) Masaknya dalam ketuhar gelombang mikro dengan api yang tinggi selama 5 minit tambahan. Hiaskan kaserol ramen dengan keju parut.

g) Letakkan penutup dan biarkan selama beberapa minit sehingga keju cair.

h) Hidangkan kaserol anda hangat.

i) Nikmati.

49. Kuali ramen manis

Hidangan: 6

bahan-bahan

- 1 C. lada benggala, dicincang
- 1/2 sudu teh halia
- 4 biji bawang hijau keseluruhan, dihiris nipis
- 1 (20 oz.) tin nanas, tidak berdrainas
- 1 lb dada ayam tanpa tulang
- minyak
- 2 (3 oz.) bungkusan mee ramen berperisa ayam 1/2 C. sos masam manis

Arah

a) Tuangkan jus nanas dalam sukatan C. Kacau di dalamnya air secukupnya untuk menghasilkan 2 C. cecair secara keseluruhan.

b) Potong dada ayam menjadi dadu 1 inci. Taburkan di atasnya halia, secubit garam dan lada sulah.

c) Letakkan kuali besar di atas api sederhana. Panaskan percikan minyak di dalamnya. Kacau dalam paket perasa ramen dan masak selama 30 saat.

d) Kacau campuran cecair nanas ke dalam kuali bersama mee selepas dipotong-potong.

e) Masak adunan sehingga mula mendidih. Kecilkan api dan masak selama 4 minit.

f) Setelah masa tamat, kacau sos masam manis, lada, bawang merah dan nanas ke dalam kuali. Biarkan mereka masak selama 4 hingga 6 minit atau sehingga sayur-sayuran habis.

g) Hidangkan kuali ramen manis anda hangat.

h) Nikmati.

50. Kuali ramen Perancis

Hidangan: 1

bahan-bahan

- 2 (3 oz.) bungkusan mi ramen, sebarang perisa
- 2 sudu besar krim masam
- 1 (10 1/2 oz.) tin krim sup cendawan
- 1/2 C. air
- 1/2 C. susu
- 1/4 C. bawang besar, dicincang
- 1/4 C. Bawang goreng Perancis Perancis
- 1/2 lb daging lembu kisar

Arah

a) Sebelum anda melakukan apa-apa, panaskan ketuhar kepada 375 F.

b) Dapatkan mangkuk adunan: Kacau di dalamnya mee berkerak, 1 paket perasa, krim masam, air sup (tidak cair), susu dan bawang. Letakkan kuali besar di atas api sederhana.

c) Masak di dalamnya daging lembu selama 8 minit. Toskan dan masukkan ke dalam adunan mee. Kacau mereka untuk melapisi.

d) Tuang adunan ke dalam loyang yang telah digris. Masak dalam ketuhar selama 22 minit. Teratas kuali mee dengan bawang goreng dan masak selama 12 minit tambahan di dalam ketuhar.

e) Taburkan dengan keju kemudian hidangkan hangat.

f) Nikmati.

51. Kuali mee mung bang

Hidangan: 1

bahan-bahan

- 1 lb daging lembu kisar tanpa lemak, dimasak
- 6 keping daging ayam belanda, dicincang
- 2 (3 oz.) bungkusan mee ramen
- 3 ulas bawang putih, dikisar
- 1 biji bawang merah sederhana, potong dadu
- 1 kubis sederhana, dicincang
- 3 lobak merah, dipotong menjadi jalur nipis 1 inci
- 1 lada benggala merah, potong saiz gigitan
- 2-4 sudu besar kicap ringan
- 3 C. taugeh
- kicap ringan, secukup rasa

- serpihan lada merah dihancurkan

Arah

a) Letakkan kuali besar di atas api sederhana.

b) Masak di dalamnya bacon sehingga ia menjadi garing. Toskan dan letak tepi. Simpan kira-kira 2 sudu besar minyak bacon dalam kuali.

c) Tumis di dalamnya bawang putih dengan bawang besar selama 4 minit. Masukkan 2 sudu besar kicap dan lobak merah.

d) Biarkan mereka masak selama 3 minit. Masukkan lada benggala dengan kubis dan biarkan mereka masak selama 7 minit tambahan.

e) Masak mi mengikut Arahan pengilang. Toskan dan kacau dengan percikan minyak zaitun.

f) Kacau daging lembu, bacon dan kepingan lada merah yang dihancurkan ke dalam kuali dengan sayur-sayuran yang dimasak.

Biarkan mereka masak selama 4 minit sambil dikacau selalu.

g) Setelah masa tamat, kacau taugeh dan mee Ramen ke dalam adunan sayur-sayuran. Biarkan mereka masak selama 3 minit tambahan sambil dikacau sepanjang masa.

h) Hidangkan kuali mi anda hangat dengan sedikit sos panas.

i) Nikmati.

52. Ramen Tumis Ayam

Hidangan: 4

bahan-bahan

- 4 sudu besar kicap
- 1 sudu besar tepung jagung
- 1 cawan stok ayam
- 1 sudu besar cuka
- 2 sudu besar gula merah
- 3 ulas bawang putih, cincang
- 6-8 oz mee Ramen
- 2 sudu besar minyak masak
- ½ paun dada ayam, dicincang
- brokoli 1 paun, kuntum bunga
- 2-3 bawang hijau, dicincang
- 2 sudu besar Bijan

Arah:

1. Dalam mangkuk, satukan sedikit kicap dengan tepung jagung sehingga ia menjadi bebas berketul.

2. Masukkan air rebusan ayam, cuka, bawang putih, dan gula merah, gaul rata.

3. Masukkan mee dalam bekas besar dan tuangkan air panas ke atasnya dan ketepikan sehingga empuk.

4. Sementara itu, taburkan sedikit garam dan lada sulah pada ayam.

5. Panaskan kuali dengan api sederhana. Masukkan 1 sudu besar minyak masak dan kemudian goreng ayam sehingga masak. Bila dah siap ketepikan.

6. Kembalikan kuali semula pada api; masukkan sedikit minyak masak dan brokoli. Masak sehingga ia menjadi empuk.

7. Masukkan adunan sos dan gaul hingga sebati. Masak selama 1-2 minit.

8. Sekarang, toskan mi dan masukkan ke dalam kuali.

9. Masukkan adunan ayam yang telah masak tadi.

10. Pindahkan ke dalam hidangan hidangan dan atasnya dengan bawang hijau dan bijan.

11. Hidangkan dan nikmati.

53. Ayam Popcorn

Hidangan: 2

bahan-bahan

- ½ paun ayam, tanpa tulang, dipotong menjadi kepingan yang boleh digigit
- 1 biji telur
- 1 ½ sudu besar miso
- 3 sudu besar tepung jagung
- 1-2 cawan ramen hancur
- Minyak untuk menggoreng

Sos teriyaki:

- 1 cawan Kicap
- 1 cawan mirin
- 2 sudu besar cuka
- 4 sudu besar gula
- 2 sudu besar tepung jagung
- 3 sudu besar air

- Daikon, dicincang
- Nori yang dicincang
- Bawang hijau, dihiris

Arah:

1. Dalam mangkuk, masukkan ayam, telur dan miso gaul rata.

2. Masukkan sedikit tepung jagung dan gaul hingga sebati.

3. Masukkan ramen. Gaul sebati dan ketepikan selama 5-10 minit.

4. Panaskan sedikit minyak dalam kuali yang dalam dan masukkan kepingan ayam.

5. Goreng sehingga mereka berwarna keemasan dan garing dari semua sisi dengan api sederhana.

6. Apabila selesai letakkan di atas tuala kertas.

7. Untuk membuat sos, anda perlu mengambil mangkuk dan masukkan semua

Bahan (kecuali tepung jagung dan air) dan biarkan mendidih dengan api sederhana.

8. Larutkan tepung jagung dalam air dan masukkan ke dalam sos dengan kacau berterusan sehingga ia pekat.

9. Angkat dari api dan hidangkan bersama ayam.

10. Teratas dengan sedikit nori dan hirisan bawang hijau.

54. Kaserol Ayam dan Brokoli

Hidangan: 8

bahan-bahan

- 2-3 bungkus mee ramen
- 1 bekas krim keju
- 5 cawan susu
- 3 cawan ayam rotisserie, dicincang, tanpa tulang
- ½ paun brokoli, kuntum bunga
- 3 cawan cheddar, keju, dicincang

Arah:

1. Panaskan ketuhar anda hingga 400 darjah F.
2. Ratakan separuh mee ramen dalam bekas pembakar berbentuk empat segi.
3. Dalam mangkuk, satukan keju krim, susu dan baki ramen.

4. Gerimis campuran ini di atas ramen.

5. Lumurkan ayam dan brokoli ke atas mee.

6. Taburkan sedikit keju cheddar di atasnya.

7. Bakar selama 30-35 minit atau sehingga mee masak dengan sempurna.

55. Sayap Ramen Ayam Berkulit Mee

Hidangan: 2

bahan-bahan

- 1 sudu teh garam
- ½ cawan tepung jagung
- ¼ sudu teh serbuk penaik
- Untuk adunan basah:
- ½ cawan tepung jagung
- 1 sudu kecil serbuk penaik
- 1 cawan tepung serba guna
- 3 sudu kecil garam
- ½ cawan air
- 1/4 cawan sos soya
- 1 pek rempah ramen
- 2 bungkus Ramen, hancur
- minyak untuk menggoreng

Untuk sos pencicah:

- 2 sudu teh sriracha
- 3 sudu besar cuka
- 2 sudu besar daun bawang, dicincang

Arah:

1. Satukan Bahan kering dalam mangkuk, dan ketepikan.

2. Sekarang, satukan Bahan basah dalam mangkuk lain.

3. Panaskan sedikit minyak dalam kuali yang dalam dan sapukan tuala kertas di dalam pinggan.

4. Sekarang, bulatkan kepak ayam satu persatu dalam adunan kering. Goncangkan lebihan adunan dan celupkan ke dalam adunan basah.

5. Goreng sayap selama kira-kira 4-5 minit, atau sehingga masak dengan baik dari kedua-dua belah.

6. Letakkan sayap pada tuala kertas.

7. Sekarang, celupkan semula sayap yang telah dimasak ke dalam adunan dan gulungkannya ke dalam ramen yang telah hancur.

8. Goreng lagi selama 2-3 minit atau sehingga garing.

9. Sekarang, gabungkan sriracha, cuka, dan daun bawang dalam mangkuk.

10. Hidangkan sayap dengan sos.

56. Mee Perut Babi

Hidangan: 4

bahan-bahan

- 2 bungkus mee ramen
- Garam, secukup rasa
- ½ paun perut babi, dipotong menjadi kepingan
- 3 sudu teh rempah Cina Lima
- Lada hitam, secukup rasa
- 2 sudu besar minyak masak
- 2 sudu teh minyak bijan
- 3 lobak merah, kupas, julienned
- 2 cawan kacang salji
- 3 ulas bawang putih, dikisar
- hirisan halia 1 inci, dicincang
- 4 sudu besar kicap
- 2 sudu besar madu
- 1 lemon, dijus

- 1 sudu teh tepung jagung
- 4-5 mata air pudina, dicincang
- 1 cawan daun bawang, dihiris

Arah:

1. Tuang 4 cawan air ke dalam periuk dan dengan 1 sudu teh garam dan biarkan mendidih. Masukkan mee dan masak selama 5 minit, toskan dan ketepikan.

2. Taburkan rempah Lima, 3 sudu teh garam dan lada hitam ke atas daging babi, gaul sehingga bersalut.

3. Panaskan kuali dan masukkan sedikit minyak kemudian masukkan daging babi dan masak selama 4-5 minit atau sehingga ia berwarna keemasan. Angkat dari api dan masukkan ke dalam mangkuk, ketepikan.

4. Dalam kuali yang sama, panaskan minyak bijan dan masak lobak merah dengan kacang salji. Masak selama 1 minit.

Hidangan: 4

bahan-bahan

- Daging babi 1 paun
- 4 sudu besar sos BBQ Cina
- 3 sudu teh minyak kacang tanah
- 2 cawan bawang hijau, dihiris
- 2-3 ulas bawang putih, cincang
- 1 sudu teh halia, dikisar
- 5 cawan stok ayam
- 3 sudu besar kicap
- 3 sudu besar sos ikan
- 2 bungkus mee ramen, masak
- 5 keping bok choy, dibelah empat
- 1 Chile merah, dihiris
- 8 biji telur
- Minyak masak

Arah:

1. Sapu daging babi dengan sos BBQ Chines dan ketepikan selama 15-20 minit.

2. Panaskan sedikit minyak kacang dalam periuk dengan api sederhana, dan masak bawang merah, bawang putih, dan halia, masak selama 2-3 minit.

3. Masukkan stok, bawang putih, kicap, 2 cawan air, sos ikan, halia, cili merah. Biarkan mendidih dan masukkan bok choy. Masak selama 2-3 minit.

4. Keluarkan dari api. Tetapkan sebelah.

5. Panaskan gril anda dengan api yang tinggi.

6. Sembur daging babi dengan sedikit minyak masak letak di atas panggangan panas masak sehingga perang.

7. Balik sisi dan dari sisi lain selama 3-4 minit dan kemudian pindahkannya ke pinggan.

8. Bahagikan ramen antara 4 mangkuk.

9. Letakkan bok choy di atas mi dan renjiskan dengan sup panas.

10. Letakkan daging babi dan hiaskan dengan bawang cincang.

11. Teratas dengan telur dan daun ketumbar.

58. Miso Pork dan Ramen

Hidangan: 6

bahan-bahan

- 2 paun trotter babi, dipotong menjadi bentuk bulat 1 inci
- 2 paun ayam, tanpa tulang, dipotong menjadi jalur
- 2 sudu besar minyak masak
- 1 bawang, dicincang
- 8-10 ulas bawang putih, dikisar
- hirisan halia 1 inci, dicincang
- 2 daun bawang, dicincang
- $\frac{1}{2}$ paun daun bawang, bahagian putih dan hijau dipisahkan, dicincang
- 1 cawan cendawan, dihiris
- 2 paun bahu babi, dicincang
- 1 cawan pes miso
- $\frac{1}{4}$ cawan shoyu

- ½ sudu besar mirin
- Garam, secukup rasa

Arah:

1. Pindahkan daging babi dan ayam dalam periuk stok dan tambah banyak air sehingga ditutup. Letakkannya di atas penunu dengan api besar dan biarkan mendidih. Angkat dari api apabila siap.

2. Panaskan sedikit minyak masak dalam besi tuang dengan api yang tinggi dan masak bawang merah, bawang putih dan halia selama kira-kira 15 minit atau sehingga perang. Mengetepikan.

3. Pindahkan tulang yang telah dimasak ke dalam periuk dengan sayur-sayuran, bahu babi, daun bawang, daun bawang putih, cendawan. Tambah nilai dengan air sejuk. Biarkan ia mendidih dengan api yang tinggi selama 20 minit. Kecilkan api dan renehkan dan tutup dengan penutup selama 3 jam.

4. Sekarang, keluarkan bahu dengan spatula. Dan letak dalam bekas dan sejukkan. Letakkan kembali penutup pada periuk dan masak lagi selama 6 hingga 8 jam.

5. Tapis kuahnya dan keluarkan pepejal. Pukul miso, 3 sudu besar shoyu, dan sedikit garam.

6. Potong daging babi dan toskan dengan shoyu dan mirin. Perasakan dengan garam.

7. Sendukkan sedikit kuah pada mee dan atasnya dengan bawang putih-bijan-cili hangus.

8. Letakkan daging babi dalam mangkuk.

9. Teratas dengan telur dan produk lain yang diingini.

10. Nikmati.

59. Babi dan Ramen Berperisa Cili

Hidangan: 4

bahan-bahan

- 1 paun fillet babi, dihiris
- 3 sudu besar sos cili,
- 4 ulas bawang putih, dikisar
- 1 sudu besar halia, parut
- 3 sudu teh minyak bijan
- 2 bungkus mee ramen, masak
- 2 sudu besar minyak
- 5 cawan stok ayam
- 2 sudu kecil kicap
- 2 cawan kubis, dicincang
- 2 biji bawang hijau, dihiris

Arah:

1. Ambil mangkuk dan masukkan daging babi, bawang putih, halia, sos cili dan minyak bijan. Ketepikan selama 30 minit.

2. Dalam kuali, panaskan minyak dan masak daging babi selama 2-3 minit, sehingga perang. Angkat dari api dan ketepikan.

3. Masukkan sedikit sup ke dalam periuk dan rebus selama 1-2 minit. Perasakan dengan kicap.

4. Ambil 4 cawan dan masukkan kobis dan mee.

5. Masukkan sup panas, hirisan daging babi dan bawang.

6. Siramkan sos cili di atas.

7. Nikmati.

60. Ramen Babi Panggang

Hidangan: 4

bahan-bahan

- 2 bungkus mee telur, masak
- 3 sudu besar minyak bijan
- 4 sudu besar kicap
- 2 sudu besar sos tiram
- 2 sudu besar wain beras
- 2 sudu teh madu
- 1 sudu besar minyak sayuran
- 1 sudu kecil bawang putih dikisar
- 1 sudu teh halia, dikisar
- 2 biji daun bawang, potong kecil
- 5 biji cendawan shiitake, dihiris
- 1 paun daging babi, potong seukuran gigitan

Arah:

1. Dalam periuk besar, masukkan minyak bijan dan mee masak toskan hingga sebati dan ketepikan.

2. Dalam mangkuk, satukan sedikit madu, kicap, sos tiram dan wain beras. Letak tepi.

3. Panaskan kuali di atas api sederhana dan masukkan sedikit minyak kacang tanah bersama bawang putih, daun bawang dan halia masak selama 30 saat.

4. Masukkan cendawan dan masak selama 1-2 minit.

5. Masukkan mee bersama daging babi. Masukkan adunan sos dan gaul rata hingga sebati.

6. Pindahkan ke dalam hidangan dan hidangkan.

61. Ramen Bijan Perisa Halia

Hidangan: 8

bahan-bahan

- 3 bungkusan Ramen, dengan rempah ratus
- 2 paun daging lembu, potong kecil
- 8 cawan sup ayam atau sup sayur
- 2 biji bawang, dihiris
- 10-12 ulas bawang putih
- ¼ sudu teh serbuk kunyit cili
- 1 sudu kecil serbuk cili
- 2 biji cili hijau
- 1 sudu teh garam
- 2 cawan brokoli, kuntum bunga
- 4 sudu besar mentega
- ¼ cawan bijan
- 1 sudu besar pes halia

Arah:

1. Masukkan daging lembu, halia, bijan, sup ayam, garam, serbuk cili, cili hijau, serbuk kunyit, rempah mee, bawang besar, dan bawang putih ke dalam periuk perlahan, gaul rata.

2. Biarkan masak selama 5 jam dengan api perlahan.

3. Sekarang, masukkan brokoli dan mee, gaul rata. Masak lagi selama 1 jam.

4. Nikmati.

62. Ramen Veggie Steak Daging

Hidangan: 4

bahan-bahan

- stik daging lembu 1 paun, dihiris nipis
- 3 sudu besar minyak masak
- 1 bawang merah sederhana, dihiris
- 2 sudu teh halia, parut
- 2 lobak merah, dikupas, dipotong menjadi batang
- 6-7 anak jagung, dibelah dua
- ½ paun gula patah
- 2 cawan cendawan, dihiris
- 2 cawan brokoli, potong mengikut panjang
- 2 bungkus mee soba,
- ½ cawan sos tiram
- 3 sudu besar kicap
- 1 cawan stok daging lembu atau air

- Daun ketumbar, untuk hidangan
- Cili hiris, untuk hidangan

Arah:

1. Panaskan 1 sudu besar minyak masak dalam kuali dan goreng daging lembu hingga keperangan (berkelompok), ketepikan.

2. Masukkan sedikit minyak masak ke dalam kuali yang sama dan masukkan bawang besar bersama halia, tumis selama 1-2 minit.

3. Masukkan lobak merah dan masak selama 1 minit.

4. Masukkan jagung, cendawan, brokoli, dan ketul gula, cendawan dan goreng selama 1 minit.

5. Masukkan mee dan gaul hingga sebati, masak selama 1-2 minit.

6. Kembalikan daging lembu semula ke dalam kuali dengan semua sos dan stok, gaul hingga sebati.

7. Teratas dengan ketumbar dan cili hijau.

8. Nikmati.

63. Brokoli dan Ramen Daging

Hidangan: 4

bahan-bahan

- 1 paun coretan, dihiris
- 2 sudu besar tepung jagung
- 2-sudu besar minyak sayuran
- 2 sudu besar minyak bijan
- 4 ulas bawang putih, dikisar
- 1 sudu teh halia, dikisar
- 1/2 cawan kicap
- 1/4 cawan gula perang
- 1 cawan air rebusan ayam
- Secubit kepingan lada
- 4 cawan brokoli, potong bunga
- 2 lobak merah, kupas dan potong kecil
- 3 bungkus ramen, masak
- 4 biji bawang hijau, hiris nipis

- ½ cawan biji bijan

Arah:

1. Taburkan sedikit tepung jagung ke atas daging lembu dan toskan hingga sebati.

2. Panaskan sedikit minyak dalam kuali dan goreng daging lembu selama 4 minit setiap sisi. Mengetepikan.

3. Pada kuali yang sama, masukkan sedikit minyak bijan dengan bawang putih dan halia goreng selama 1 minit.

4. Tambah sedikit kicap, kepingan lada, gula dan sup; biarkan mendidih selama 3 - 5 minit.

5. Masukkan brokoli dengan lobak merah masak bertutup selama 5 minit.

6. Pindahkan daging lembu lagi ke dalam kuali dan toskan hingga sebati.

7. Masukkan mee dan bawang besar, gaul rata.

8. Taburkan bijan di atas.

64. Ramen Bebola Daging Lembu

Hidangan: 4

bahan-bahan

- 3 cawan daging cincang
- 2 sudu besar kicap
- 1 sudu besar pes halia
- 1 sudu teh pes bawang putih
- Garam dan lada sulah, secukup rasa
- ¼ cawan bawang hijau, dipadatkan
- 1 cawan bijan
- 1 keping roti
- 2 sudu besar mentega
- 3 bungkus mee dengan rempah ratus
- 3 sudu besar minyak masak
- 1 sudu besar minyak sayuran
- 3-4 ulas bawang putih, dikisar
- 2 sudu besar madu

Arah:

1. Masukkan daging lembu, hirisan roti, mentega, halia, bawang putih, garam dan lada sulah ke dalam pengisar, gaul rata.

2. Pindahkan ke dalam mangkuk dan masukkan beberapa biji bijan. Gaul sebati.

3. Buat bebola bulat dengan adunan.

4. Panaskan minyak masak dalam kuali non-stick dan goreng bebola daging hingga masak (berkelompok). Mengetepikan.

5. Masukkan 2-3 cawan air ke dalam periuk dan biarkan mendidih.

6. Masukkan sedikit minyak, garam, dan mee, biarkan masak selama 2-3 minit, toskan dan ketepikan.

7. Panaskan minyak reaming dalam kuali dan goreng bawang putih selama 30 saat.

8. Masukkan mee, dengan rempah ratus dan madu, dan gaul hingga sebati.

9. Masukkan bebola daging dan atas dengan daun bawang.

10. Nikmati.

65. Ramen Daging Kisar Goreng

Hidangan: 3

bahan-bahan

- 2 cawan daging cincang
- ½ sudu teh pes halia
- 2 lobak merah, dikupas, dihiris
- 1 bawang sederhana, dihiris nipis
- 3-4 bawang putih, cincang
- Garam dan lada sulah, secukup rasa
- 3 sudu besar mentega
- 3 bungkus mee, masak
- 3 bungkus rempah mee
- 3 sudu besar minyak masak
- 2 sudu besar cuka

Arah:

1. Panaskan sedikit mentega dalam kuali dan goreng pes halia, bawang putih bersama bawang besar sehingga lembut.

2. Masukkan daging kisar dan masak sehingga tidak lagi merah jambu.

3. Perasakan dengan rempah mee, garam, lada sulah, cuka. Tos hingga sebati.

4. Masukkan lobak merah dan masak selama 5-6 minit.

5. Selepas lobak merah masak, masukkan mee dan gaul sebati.

6. Pindahkan ke dalam hidangan hidangan dan hidangkan panas.

7. Nikmati.

66. Ramen Berperisa Bawang Putih dan Mangkuk Ikan

Hidangan: 2

bahan-bahan

- 1 paun ikan, potong kecil-kecil
- 2 sudu besar kicap
- 2 lobak merah, dikupas, dihiris
- 2 cawan air
- Garam dan lada sulah, secukup rasa
- 2 sudu besar sos ikan
- 1 sudu besar sos cili
- $\frac{1}{4}$ cawan daun bawang, dicincang
- Mi ramen

Arah:

1. Masukkan sedikit air, bawang putih, lobak merah, semua sos, garam, dan lada sulah ke dalam periuk, biarkan mendidih dengan baik.

2. Masukkan ikan dan mee, masak selama 3-4 minit.

3. Apabila siap masukkan sedikit daun bawang dan tuangkan ke dalam mangkuk hidangan.

4. Hidangkan dan nikmati.

67. Tuna dengan Ramen

Hidangan: 1

bahan-bahan

- 1 tin ikan tuna
- 1 bungkus mee
- 1 pek rempah mee
- 2 sudu besar mentega
- $\frac{1}{4}$ sudu teh garam

Arah:

1. Masukkan 1 cawan air dan garam ke dalam periuk, masak sehingga mendidih.
2. Masukkan mee dan masak selama 2-3 minit.
3. Apabila selesai toskan semua air.
4. Masukkan sedikit mentega ke dalam mee dan gaul rata hingga sebati.
5. Masukkan juga sedikit rempah dan gaul rata.

6. Pindahkan ke pinggan hidangan dan atas dengan tuna.

68. Makanan Laut dan Ramen yang Dimasak Perlahan

Hidangan: 4

bahan-bahan

- 5 cawan sup sayur
- ¼ cawan air
- 3 bungkus mee ramen
- 2 lobak merah, dikupas, dicincang
- 2 cawan cendawan, dihiris
- 3 bawang hijau, dicincang
- 1 tandan kangkung
- 4 cawan udang
- 2-3 gugusan ketam salji
- 3 sudu besar rempah mee
- 1 sudu teh garam
- ¼ sudu teh lada hitam
- 1 sudu teh minyak sayuran

Arah:

1. Masukkan udang, lobak merah, cendawan, mi, kangkung, minyak, ketam, bawang, sup, garam, lada sulah, rempah ratus dan minyak ke dalam periuk perlahan.

2. Tutup dengan tudung dan masak pada tekanan Tinggi selama 2 jam.

3. Apabila selesai, masukkan ke dalam mangkuk sup dan hidangkan panas.

4. Nikmati.

69. Sayur Tumis dan Ramen

Hidangan: 2

bahan-bahan

- 4-5 tangkai bok choy, potong 2 inci
- 3 lobak merah, dihiris
- 2 lada benggala hijau, potong nipis
- 1 bungkus mee ramen, masak
- 1 cawan taugeh segar
- 1 tin nugget jagung bayi, dibilas
- 1 cawan serbuk teriyaki dan sayu
- 1 sudu besar minyak sayuran
- 1 cawan air

Arah:

1. Masukkan sedikit minyak ke dalam kuali tidak melekat dan masak lobak merah,

lada sulah dan bok choy yang dihiris selama 3 minit.

2. Masukkan sedikit air bersama taugeh dan jagung, masak selama 3-4 minit.

3. Sekarang, masukkan teriyaki dan gaul rata. Reneh selama 4 minit.

4. Hidangkan dan nikmati.

70. Sayur Panggang dengan Ramen

Hidangan: 2

bahan-bahan

- 2 bungkus mee, masak
- 2 lobak merah, dikupas, dihiris
- 1 cawan brokoli, kuntum bunga
- 2 bungkus mee campur rempah
- 3 batang saderi, dipotong
- 1 lada benggala merah, dihiris
- 1 cawan cendawan, dicincang
- 1 bawang, dicincang
- Garam, secukup rasa
- 1 sudu teh halia, dikisar
- $\frac{1}{4}$ sudu teh bawang putih, dikisar
- 2 sudu besar minyak sayuran
- 2 sudu besar cuka
- 2 sudu besar kicap

Arah:

1. Panaskan sedikit minyak dalam kuali dan goreng bawang besar dengan pes bawang putih halia selama 1-2 minit.

2. Masukkan semua sayur-sayuran dan tumis selama 4-5 minit.

3. Masukkan sedikit rempah dan kicap, gaul rata hingga sebati.

4. Tambah sedikit percikan air dan masak bertutup selama 6 minit dengan api perlahan.

5. Sekarang, masukkan mee dan cuka, toskan hingga sebati.

6. Nikmati.

71. Ramen Vegan yang mudah

Hidangan: 3

bahan-bahan

- 2 sudu besar minyak bijan
- 2 biji telur, rebus
- 1 sudu teh halia, parut
- 4-5 ulas bawang putih, dikisar
- 2 sudu besar kicap
- 4 cawan sup sayur
- 1 cawan cendawan shiitake segar
- 1 ½ cawan bayi bayam
- 2 bungkus mee ramen
- 1/4 cawan bawang hijau, dihiris
- 2-3 lobak merah, dicincang
- 3 sudu besar bijan

Arah:

1. Panaskan sedikit minyak dalam periuk dan goreng sedikit halia dan bawang putih selama 20 saat.

2. Masukkan sedikit sup sayur dengan semua rempah ratus dan kicap. Gaul sebati.

3. Masukkan semua sayur (kecuali bawang hijau), kacau rata.

4. Masak bertutup selama 9-10 minit dengan api perlahan.

5. Sekarang, masukkan mi dan masak lagi selama 3 minit.

6. Teratas dengan telur, bijan dan bawang hijau.

7. Hidang.

72. Ramen Limau Lada Loceng Merah

Hidangan: 2

bahan-bahan

- 4 sudu besar kicap
- 2 sudu teh sambal oelek
- 1 sudu besar madu
- 2 sudu teh cuka beras
- 2 sudu teh minyak bijan
- 4 sudu teh jus limau nipis
- 1 sudu teh minyak sayuran
- 2 sudu besar halia, dikisar
- 1 biji bawang, dihiris
- 1 cawan lada benggala merah, dihiris
- $\frac{1}{4}$ cawan daun ketumbar segar yang dicincang
- 2 tandan besar bawang hijau, dicincang
- 2 bungkus mee, direbus bersama rempah

- garam untuk perasa

Arah:

1. Panaskan sedikit minyak dalam kuali dan tumis halia hingga naik bau.

2. Masukkan lada benggala dan tumis selama 4-5 minit atau sehingga dibakar dengan baik.

3. Sekarang, masukkan semua rempah, garam, kicap, dan sambal oelek, gaul rata.

4. Masukkan juga sedikit bawang besar dan tumis selama 3-4 minit.

5. Masukkan mee, jus limau nipis, madu, cuka, dan minyak bijan, gaul hingga sebati.

6. Pindahkan ke dalam hidangan hidangan dan atasnya dengan bawang hijau.

73. Yakisoba

Hidangan: 4

bahan-bahan:

- Sos ikan, dua sudu besar
- Telur, satu
- Kicap, setengah cawan
- Nasi Jepun masak, tiga cawan
- Tomato, dua
- Cilantro, setengah cawan
- Garam dan lada sulah, secukup rasa
- Minyak sayuran, dua sudu besar
- Lada cili Jepun, tiga
- Walnut panggang, setengah cawan
- Dada ayam, lapan auns
- Bawang, satu
- Daun bawang, setengah cawan
- Bawang putih cincang, satu sudu teh

Arah:

a) Apabila kuali sangat panas, masukkan dua sudu teh minyak.

b) Bila minyak dah panas, masukkan ayam dan masak atas api hingga keperangan dan masak.

c) Keluarkan ayam dan ketepikan, masukkan telur, secubit garam dan masak seminit dua hingga masak.

d) Masukkan baki minyak ke dalam kuali dan masukkan bawang besar, daun bawang dan bawang putih. Masukkan semua nasi. Masukkan kicap dan sos ikan kacau hingga sebati semua Bahan.

e) Teruskan kacau beberapa minit, dan kemudian masukkan telur dan ayam kembali ke dalam kuali.

SUP & SALAD

74. Salad Mee Ramen

Hidangan: 1

bahan-bahan:

- Kubis dan bawang, satu cawan
- Biji bijan, satu sudu besar
- Kicap, satu sudu besar
- Gula, satu sudu besar
- Cuka, satu sudu besar
- Mentega, mengikut keperluan
- Mee ramen, satu bungkus
- Badam, seperti yang diperlukan

Arah:

a) Satukan minyak, cuka, gula, dan kicap dalam balang dan goncang sehingga gula larut.

b) Cairkan mentega dalam kuali besar dengan api sederhana. Semasa mentega cair, hancurkan mee ramen semasa masih di dalam bungkusan.

c) Keluarkan paket perasa dan buang.

d) Masukkan mee, badam, dan biji bijan ke dalam mentega cair dalam kuali.

e) Tumis sambil dikacau selalu, sehingga adunan mee berwarna perang keemasan.

Hidangan: 4

bahan-bahan

- 2 (14 1/2 oz.) tin air rebusan ayam
- 1/2 lb baby bok choy, dibelah dua memanjang
- 2 biji bawang hijau, potong 2 inci panjang
- halia segar, dikisar
- 1 ulas bawang putih, dikisar
- 1 1/2 sudu teh kicap
- 1 (3 1/2 oz.) bungkusan mee ramen
- 1/4 lb ham dihiris
- 4 biji telur rebus, dikupas dan dibelah empat
- 1 sudu teh minyak bijan

Arah

a) Letakkan periuk di atas api sederhana. Masukkan air rebusan, bok choy, bawang hijau, halia, bawang putih dan kicap.

b) Reneh mereka selama 12 minit. Masukkan mee ke dalam periuk. Biarkan sup masak selama 4 minit tambahan.

c) Hidangkan sup anda hangat dengan topping kegemaran anda. Nikmati.

76. Mee Nori sup

Hidangan: 4

bahan-bahan

- 1 (8 oz) bungkusan mee soba kering
- 1 C. stok dashi yang disediakan
- 1/4 C. kicap
- 2 sudu besar mirin
- 1/4 sudu teh gula putih
- 2 sudu besar bijan
- 1/2 C. bawang hijau dicincang
- 1 helai nori (rumpai laut kering), dipotong menjadi jalur nipis (pilihan)

Arah

a) Masak mee mengikut Arahan pada bungkusan. Toskan dan sejukkan dengan sedikit air.

b) Letakkan periuk kecil di atas api sederhana. Masukkan dashi, kicap, mirin, dan gula putih. Masak sehingga ia mula mendidih.

c) Tutup api dan biarkan adunan hilang haba selama 27 minit. Bahagikan bijan dengan mee pada mangkuk hidangan dan tuangkan sup stok di atasnya.

d) Hiaskan mangkuk sup anda dengan nori dan bawang hijau.

e) Nikmati.

77. Salad ramen epal

Hidangan: 10

bahan-bahan

- 12 oz. kuntum brokoli
- 1 (12 oz.) beg campuran brokoli coleslaw
- 1/4 C. biji bunga matahari
- 2 (3 oz.) bungkusan mee ramen
- 3 sudu besar mentega
- 2 sudu besar minyak zaitun
- 1/4 C. hirisan badam
- 3/4 C. minyak sayuran
- 1/4 C. gula merah
- 1/4 C. cuka epal
- 1/4 C. bawang hijau, dicincang

Arah

a) Letakkan kuali besar di atas api sederhana. Panaskan minyak di dalamnya.

b) Tekan ramen anda dengan tangan anda untuk menghancurkannya. Kacau dalam kuali bersama badam.

c) Masak selama 6 minit kemudian letakkan kuali di tepi.

d) Dapatkan mangkuk adunan yang besar: Masukkan brokoli, selada brokoli dan bunga matahari ke dalamnya. Masukkan mee gaul dan toskan lagi.

e) Dapatkan mangkuk adunan kecil: Campurkan di dalamnya minyak sayuran, gula perang, cuka sari apel dan paket perasa mi Ramen untuk membuat vinaigrette.

f) Tuangkan vinaigrette ke seluruh salad dan kacau hingga bersalut. Hidangkan salad anda dengan bawang hijau di atas. Nikmati.

78. Ramen sup bijan

Hidangan: 4

bahan-bahan

- 1 paun stik bulat atas, julienne
- 1 sudu besar minyak kacang tanah
- 1/2 sudu besar minyak bijan
- 1 inci halia segar, parut halus
- 2 ulas bawang putih, dikisar
- 1/4-1/2 sudu kecil serpihan lada merah ditumbuk
- 3 C. stok daging lembu
- 2 tandan daun bawang, potong dadu
- 2 sudu besar cuka wain beras
- 2 (3 oz.) paket mee ramen, paket dikeluarkan 1/2 C. lobak merah bayi, parut

Arah

a) Letakkan kuali besar di atas api sederhana. Panaskan 1/3 daripada setiap minyak.

b) Tumiskan di dalamnya halia, bawang putih dan cili merah. Masak mereka selama 1 minit. Masukkan 1/3 hirisan daging lembu. Masak mereka selama 4 minit. Letakkan adunan di tepi.

c) Ulangi proses dengan baki daging lembu dan minyak sehingga ia selesai. Letakkan periuk besar di atas api sederhana. Masukkan Stok, Cuka & Daun Bawang. Masak mereka sehingga mereka mula mendidih.

d) Perlahankan api dan masak sehingga ia mula mendidih. Masukkan ramen dan masak selama 4 hingga 4 minit atau sehingga masak.

e) Sudukan mee ke dalam mangkuk hidangan kemudian letakkan dengan tumis daging lembu. Hidangkan hangat.

79. Sambal ramen salad

Hidangan: 2

bahan-bahan

- 1 (3 oz.) bungkusan mee ramen
- 1 C. kobis, dicincang
- 4 biji daun bawang, potong 1 inci
- 2-3 lobak merah
- kacang salji, julienned
- 3 sudu besar mayonis
- 1/2 sudu teh sambal oelek, atau sriracha
- 1-2 sudu teh jus lemon
- 1/4 C. kacang tanah, dicincang
- ketumbar, dicincang

Arah

a) Sediakan mee mengikut arahan pada bungkusan dan masak selama 2 minit. Keluarkan dari air dan letakkan di tepi untuk mengalir.

b) Dapatkan mangkuk adunan kecil: Pukul mayonis, sambal olek, dan jus lemon untuk membuat sos

c) Dapatkan mangkuk adunan yang besar: Satukan di dalamnya kubis, lobak merah, daun bawang, kacang salji, mee masak, sos mayonis, secubit garam dan lada sulah. Gaul sebati.

d) Hidangkan salad anda dan nikmati.

80. Krim ramen & cendawan

Hidangan: 4

bahan-bahan

- 1 (3 oz.) bungkusan mee ramen berperisa ayam
- 1 (10 3/4 oz.) tin krim sup cendawan
- 1 (3 oz.) tin ayam

Arah

a) Sediakan ramen mengikut Arahan pada bungkusan.

b) Letakkan periuk besar di atas api sederhana. Masukkan sup, ayam dan perasa. Masak mereka selama 6 minit.

c) Toskan mee dan bahagikan antara mangkuk hidangan. Sudukan adunan sup di atasnya kemudian hidangkan hangat. Nikmati.

81. Salad ramen saucy serrano

Hidangan: 2

bahan-bahan

- 1 bawang kuning, dicincang
- 2 biji tomato roma, dicincang
- 1 cili serrano, dicincang
- 1 lada merah, panggang dan kupas, cincang sederhana
- 1 C. sayur campur dipotong dadu
- 2 (3 oz.) peket mee ramen segera rasa timur
- 1 kiub bouillon sayur
- 1 sudu kecil serbuk jintan manis
- 1 sudu kecil serbuk cili merah
- 4 sudu besar sos spageti
- 2 sudu teh minyak kanola atau 2 sudu teh minyak sayuran lain

Arah

a) Letakkan kuali besar di atas api sederhana. Panaskan minyak di dalamnya. Tumis di dalamnya bawang besar dengan tomato dan cili serrano selama 3 minit.

b) Kacau dalam paket perasa dan kiub bouillon Maggi. Masukkan sayur-sayuran, jintan manis dan 1/2 C. air. Masak mereka selama 6 minit. Masukkan sos spageti dan masak selama 6 minit tambahan.

c) Sediakan mee mengikut Arahan pada bungkusan. Gaulkan mee dengan adunan sayuran. Hidangkan panas. Nikmati.

82. Salad ramen mandarin

Hidangan: 6

bahan-bahan

- 1 (16 oz.) pakej campuran coleslaw
- 2 (3 oz.) bungkusan mee ramen, hancur
- 1 C. hirisan badam
- 1 (11 oz.) tin oren mandarin, toskan
- 1 C. biji bunga matahari panggang, dikupas
- 1 tandan bawang hijau, dicincang
- 1/2 C. gula
- 3/4 C. minyak sayuran
- 1/3 C. cuka putih
- 2 paket peket perasa ramen

Arah

a) Dapatkan mangkuk adunan kecil: Pukul di dalamnya cuka, perasa ramen, minyak dan gula untuk membuat pembalut.

b) Dapatkan mangkuk adunan yang besar: Masukkan campuran coleslaw dengan mi, badam, mandarin, biji bunga matahari dan bawang.

c) Siramkan pembalut ke atas mereka dan toskan hingga berlapis. Letakkan salad di dalam peti sejuk selama 60 minit kemudian hidangkan. Nikmati.

83. Mee kari sup

Hidangan: 4

bahan-bahan

- 3 biji lobak merah, potong seukuran gigitan
- 1 biji bawang kecil, potong seukuran gigitan
- 3 sudu besar air
- 1/4 C. minyak sayuran
- 1/2 C. tepung serba guna
- 2 sudu besar tepung serba guna
- 2 sudu besar serbuk kari merah
- 5 C. stok sayur panas
- 1/4 C. kicap
- 2 sudu teh sirap maple
- 8 oz mi udon, atau lebih secukup rasa

Arah

a) Dapatkan mangkuk kalis gelombang mikro: Kacau di dalamnya air dengan lobak merah dan bawang. letakkan di atas tudung dan masak mereka di atas api selama 4 minit 30 saat.

b) Letakkan periuk sup di atas api sederhana. Panaskan minyak di dalamnya. Tambah padanya 1/2 C. tambah 2 sudu besar tepung dan campurkan untuk membuat pes.

c) Masukkan kari bersama stok panas dan masak selama 4 minit sambil digaul sepanjang masa. Masukkan bawang besar dan lobak merah dengan kicap, dan sirap maple.

d) Masak mee mengikut Arahan pada bungkusan sehingga ia menjadi lembut.

e) Masak sup sehingga ia mula mendidih. Masukkan mi dan hidangkan sup anda panas.

84. Salad kacang dan mi berkrim

Hidangan: 4

bahan-bahan

- 1 bungkus mee ramen perisa ayam
- 1 C. saderi dipotong dadu
- 1 (8 oz.) tin buah berangan air dihiris, toskan
- 1 C. bawang merah dicincang
- 1 C. lada hijau dipotong dadu
- 1 C. kacang
- 1 C. mayonis

Arah

a) Hancurkan mee kepada 4 bahagian. Sediakannya mengikut arahan pada pakej.

b) Dapatkan mangkuk adunan besar: Toskan mi dan toskan dengan saderi, buah berangan air, bawang, lada dan kacang di dalamnya.

bahan-bahan

- 2oz cendawan Buna shimeji
- 1 berkas. Mee soba atau mee pilihan anda. Rebus dan toskan mengikut Arahan
- 3sudu besar asas sup mizkan
- 2 biji telur rebus, dipecahkan dan dibelah dua
- 1 tandan baby bok choy atau salad
- 2 cawan. air
- 2sudu kecil bijan putih
- Daun bawang, dicincang

Arahan

a) Dalam periuk sederhana, didihkan air dan masukkan asas sup dan baby bok choy, dan cendawan. Masak selama 2 minit.

b) Hidangkan mee yang telah dimasak ke dalam pinggan/mangkuk. Letakkan separuh telur dan renjiskan sup di atasnya

c) Hiaskan dengan daun bawang dan bijan

d) Hidangkan dengan penyepit

86. Mi sup ayam

Hidangan: 4

bahan-bahan

- 2 sudu besar minyak zaitun
- 1 ½ cawan daun bawang, akhirnya dicincang
- 3 ulas bawang putih, dikisar
- 1 ½ paun dada ayam, tanpa tulang, dipotong menjadi jalur kecil
- 6-7 cawan stok ayam
- Garam dan lada sulah secukup rasa
- 1-2 bungkus mee ramen
- 1 lemon sederhana, potong empat
- 1 biji telur rebus, jika mahu
- 1 daun bawang, dihiris, untuk hiasan

Arah:

1. Panaskan sedikit minyak dalam periuk dengan api sederhana.

2. Masukkan daun bawang dan bawang putih, tumis hingga Bahan masak dan empuk sambil dikacau.

3. Masukkan kepingan ayam dan masak selama kira-kira 4-5 minit.

4. Masukkan sedikit stok ayam, garam dan lada sulah, dan biarkan mendidih. Kecilkan api dan reneh sup selama 10-12 minit.

5. Sekarang, masukkan mee dan masak sehingga pejal.

6. Angkat dari api dan masukkan sedikit jus lemon.

7. Bahagikan sup antara 3-4 mangkuk.

8. Teratas dengan sedikit daun bawang dan telur.

9. Hidangkan dan nikmati.

87. Salad Mee Ayam Ramen

Hidangan: 4

bahan-bahan

- ½ paun ayam, dimasak dan dicincang
- 4-5 cawan kubis, dicincang
- 3-4 lobak merah, dikupas, dicincang
- 2 bungkus mee ramen perisa ayam
- 1 cawan bawang hijau, dicincang
- ¼ cawan badam, dibakar, dihiris
- ¼ cawan bijan
- ¼ cawan minyak zaitun
- ¼ cawan cuka beras
- 5 sudu besar gula
- 3 sudu besar kicap
- Garam dan lada sulah secukup rasa

Arah:

1. Dalam mangkuk besar, masukkan kubis, bawang, badam, bijan dan mee ramen.

2. Dalam mangkuk adunan, satukan sedikit garam, lada sulah, minyak, cuka, dan gula, gaul rata.

3. Tuangkan sedikit sos ke atas salad dan gaulkan hingga sebati.

4. Letakkannya di dalam peti sejuk anda sehingga sejuk.

5. Hidangkan dan nikmati.

88. Sup Ramen Babi

Hidangan: 4

bahan-bahan

- 3 sudu besar minyak kanola
- 2-3 potong daging babi, tanpa tulang
- garam dan lada hitam, secukup rasa
- 8-10 daun bawang, dihiris, partition hijau dan putih dipisahkan
- 1 halia 2 inci, dihiris
- 8 cawan air rebusan ayam
- 3 sudu besar cuka
- 2-3 bungkus mee ramen
- 2 sudu besar kicap
- 2 lobak merah, kupas, parut
- 2-3 lobak, dihiris nipis
- $\frac{1}{4}$ cawan daun ketumbar, dicincang

Arah:

1. Panaskan periuk dengan api sederhana selama 5 minit. Tambah sedikit minyak dan masak daging babi sehingga masak dengan teliti, 5-6 minit setiap sisi.

2. Perasakan dengan garam dan lada sulah.

3. Pindahkannya ke dalam pinggan dan tutup dengan kerajang. Ketepikan selama 5 minit.

4. Dalam periuk yang sama goreng daun bawang dengan halia dan masak selama 30-50 saat.

5. Masukkan sedikit air rebusan dan biarkan mendidih.

6. Masukkan mee dan masak selama 2-3 minit.

7. Masukkan sedikit kicap dan cuka.

8. Pindahkan sup ke dalam mangkuk dan taburkan dengan daging babi, daun

bawang, lobak merah yang dicincang,
lobak yang dihiris dan ketumbar.

89. Sup Ramen Daging Mudah

Hidangan: 2

bahan-bahan

- Steak sayap 1 paun
- 1 paun Choy Sum, dicincang
- 4-5 ulas bawang putih, dikisar
- 3-4 daun bawang, dipisahkan putih dan hijau, dicincang
- 2 cawan Cendawan Enoki, dihiris
- 1 Halia 1 inci
- 4 sudu besar Demi-Glace
- 4 sudu besar Pes Miso
- 3 sudu besar Kicap
- 2 sudu besar Sos Hoisin
- 2 bungkus Mee Ramen, masak
- 3 sudu besar minyak masak

Arah:

1. Masukkan sedikit minyak masak ke dalam kuali dan goreng daging babi dari kedua-dua belah sehingga keperangan. Keluarkan dari kuali dan ketepikan.

2. Masukkan 5-6 cawan air, bawang putih, sos soya, Demi-glace, halia, cendawan, sos hoisin, choy chum, dan putih daun bawang ke dalam periuk besar, masak sehingga lembut.

3. Sekarang, masukkan daging babi goreng dan tutup dengan tudung, masak lagi selama 10-12 minit.

4. Sekarang, masukkan miso dan mee, biarkan mendidih lagi.

5. Sendukkan ke dalam mangkuk dan tutup dengan daun bawang.

90. Ramen Sup Ikan

Hidangan: 2

bahan-bahan

- 2 ketul isi ikan sederhana, potong 2 inci
- ¼ cawan daun bawang, dicincang
- 3 lobak merah, dikupas, dihiris
- 2 bungkus mee ramen
- 1 sudu teh garam
- 4-5 ulas bawang putih, dikisar
- 2 sudu besar minyak masak
- ¼ sudu teh lada hitam
- 4 cawan air rebusan ayam
- 2 sudu besar kicap
- 2 sudu besar sos ikan

Arah:

1. Masukkan air rebusan ayam, bawang putih, minyak masak, garam dan lada sulah ke dalam periuk dan biarkan mendidih.

2. Masukkan lobak merah, masak bertutup selama 5-8 minit dengan api sederhana.

3. Masukkan ikan, bawang, dan mee, masak selama 3-4 minit atau sehingga masak.

4. Masukkan sedikit sos ikan dan kicap, gaul hingga sebati.

5. Hidangkan panas.

91. Mee Sup Udang

Hidangan: 1

bahan-bahan

- 5-6 ekor udang
- 1 bungkus mee, dengan rempah ratus
- ¼ sudu teh garam
- 1 sudu besar minyak sayuran
- 2-3 ulas bawang putih, dikisar
- 2 cawan air rebusan ayam

Arah:

1. Panaskan sedikit minyak dalam periuk, dan goreng bawang putih cincang selama 30 saat.
2. Masukkan udang dan tumis selama 4 minit.
3. Masukkan semua rempah, mee, dan air, biarkan mendidih selama 3-4 minit.
4. Masukkan ke dalam mangkuk hidangan.

92. Sup Ramen dengan Cendawan

Hidangan: 2

bahan-bahan

- 2 cawan daun bayam
- 2 bungkus mee ramen
- 3 cawan sup sayur
- 3-4 ulas bawang putih, dikisar
- $\frac{1}{4}$ sudu teh serbuk bawang
- Garam dan lada sulah, secukup rasa
- 1 sudu besar minyak sayuran
- $\frac{1}{4}$ cawan daun bawang, dicincang
- 3-4 cendawan, dicincang

Arah:

1. Masukkan sup sayuran, garam, minyak, dan bawang putih ke dalam periuk dan rebus selama 1-2 minit.

2. Sekarang, masukkan mee, cendawan, daun bawang, bayam, dan lada hitam, masak selama 2-3 minit.

3. Nikmati panas.

93. Sup Ramen Cendawan

Hidangan: 2

bahan-bahan

- 2 cawan cendawan, dihiris
- 2 bungkus mee ramen
- 1 sudu kecil lada hitam
- 2 sudu besar sos panas
- 2 sudu besar kicap
- 1 sudu besar sos Worcestershire
- $\frac{1}{4}$ sudu teh garam
- 3 cawan sup sayur
- 1 bawang, dicincang
- 2 sudu besar sos cili
- 2 sudu besar minyak kacang tanah

Arah:

1. Panaskan minyak dalam periuk dan tumis cendawan selama 5-6 minit dengan api sederhana.

2. Masukkan sup, garam, lada sulah, sos panas, sos Worcestershire, bawang besar, dan sos soya, gaul rata. Rebus selama beberapa minit.

3. Masukkan mee dan masak selama 3 minit.

4. Setelah selesai pindahkan ke dalam mangkuk hidangan dan sapu dengan sos cili.

5. Nikmati.

94. Mi & Bebola Babi dengan Mikrohijau

Hidangan: 4

bahan-bahan

Bebola Babi Halia:

- 1 paun dikisar, daging babi yang dipelihara secara mampan
- 1/4 sudu teh lada putih
- 1/4 sudu teh gula
- 1/4 sudu teh serbuk bawang
- 1 sudu teh garam halal

- 1 sudu teh halia, parut
- 1 sudu besar bawang merah, dikisar
- 1/2 sudu besar daun bawang, dicincang halus
- 1 sudu besar alpukat atau minyak zaitun

mi:

- 2 sudu teh halia yang baru diparut
- 1/2 sudu besar bawang merah, dikisar
- 3 sudu kecil sos ikan
- 2 sudu teh cuka wain beras
- 4 1/2 cawan stok sayur
- 1 batang serai dipotong 4 bahagian
- 1 sudu kecil perahan limau nipis
- 6 auns mee ramen
- 2 1/2 sudu besar kicap
- 2 sudu kecil pes cili
- 1 cawan selada air

- 1 timun Inggeris, dihiris nipis
- Biji bijan, untuk hiasan

Arah

a) Dalam mangkuk bersaiz sederhana, masukkan semua Bahan untuk bebola babi, selain minyak.

b) Satukan Bahan dengan tangan anda, pastikan bawang merah dan daun bawang diedarkan ke seluruh adunan.

c) Letakkan sedikit minyak pada jari anda untuk membantu daging babi melekat pada tangan anda. Cubit sedikit daging babi, gulung menjadi bebola dan ketepikan di atas pinggan.

d) Gerimis minyak alpukat dalam periuk besar, di atas api yang sederhana tinggi. Setelah minyak panas, masukkan bebola daging babi, berhati-hati agar tidak menyesakkan kuali.

e) Goreng dalam kelompok, sehingga bola berwarna perang di semua sisi, pusing sekali; lebih kurang 5 minit. Mengetepikan.

f) Dalam kuali yang sama, masukkan halia dan bawang merah. Tambahkan lebih banyak minyak jika kuali terlalu kering selepas digoreng. Tumis hingga naik bau, lebih kurang 2 minit.

g) Masukkan sos ikan dan cuka, kacau 1 minit.

h) Masukkan stok, serai dan perahan limau nipis. Kacau dan biarkan mendidih. Masukkan bebola babi. Tutup, dan biarkan mendidih perlahan-lahan kira-kira 10 minit.

i) Buka tutup dan biarkan mendidih. Masukkan mee ramen dan rebus 5 minit.

j) Sementara itu, dalam mangkuk kecil, pukul bersama sambal oelek dan kicap. Masukkan ke dalam periuk, kacau perlahan-lahan. Keluarkan serai dari periuk dan tutup api.

k) Masukkan selada air, kacau perlahan-lahan, biarkan ia layu.

l) Hidangkan mi dalam mangkuk cetek, bahagikan sama rata dan tambahkan sup tambahan ke dalam mangkuk.

m) Teratas dengan timun, bijan dan tangkai tambahan selada air, jika dikehendaki.

PENJERAHAN

95. Ramen Dengan Sirap Coklat

bahan-bahan

- 1 cawan gula perang
- 1 bungkus Mee Ramen
- 1 t vanila
- 2 cawan air
- 1 cawan sirap coklat
- Gula manisan (pilihan)
- Topping disebat (pilihan)

Arah-

1. Didihkan air dalam periuk bersaiz sederhana. Tambah 1 bungkus Mee Ramen. Simpan perasa untuk hari lain. Masukkan 1 cawan gula perang. Tunggu 10 minit kacau sekali-sekala.

2. Toskan air. Letakkan kembali periuk pada api sederhana dan tambah 1 cawan sirap coklat dan 1 sudu teh vanila.

3. Kacau sekali sekala. Selepas menunggu 5 minit, matikan api dan masukkan ke dalam peti sejuk selama 1 jam. Hidangkan dan taburkan dengan gula gula dan/atau topping putar.

96. Ramen dengan sos strawberi

bahan-bahan

- 1 paket mee ramen (tolak paket perasa)
- sos strawberi (seperti anda akan mendapat ais krim sundae)
- 1 botol madu
- 1 biji kayu manis
- 1 biji gula
- krim putar, daripada tin atau Cool Whip, adalah yang terbaik.

Arah

1. Masak ramen mengikut Arahan pakej.
2. longkang.
3. Letakkan mee di dalam peti sejuk sehingga sejuk.
4. Keluarkan dari peti ais dan letak di atas pinggan.

5. Tambah seberapa banyak madu yang dikehendaki, gunakan botol perah untuk ini.

6. Taburkan sedikit kayu manis dan gula.

7. Masukkan sedikit sos strawberi.

8. Teratas dengan krim putar yang banyak dan satu lagi sos strawberi untuk pewarna.

9. Nikmati!

97. Bar mi ramen yang rangup

Bahan

- 6 sudu besar mentega masin
- 7 c. marshmallow kecil
- 1 sudu teh ekstrak vanila
- ⅔ c. mentega kacang berkrim
- 4 (3-oz. setiap satu) mi ramen, kering, tanpa perasa, dan dipecahkan
- 3 c. bijirin nasi rangup
- 1 c. cip coklat separuh manis

Arah

1. Sembur loyang 9x13 inci dengan semburan tidak melekat. Mengetepikan.

2. Cairkan mentega dalam periuk besar. Masukkan marshmallow dan kacau sehingga cair dan rata. Masukkan ekstrak vanila dan keluarkan dari api.

3. Kacau mentega kacang ke dalam campuran marshmallow. Masukkan mi

ramen kering dan bijirin sehingga sebati. Tekan adunan ke dalam kuali yang telah disediakan. Sejukkan 15 minit.

4. Cairkan cip coklat dalam ketuhar gelombang mikro sehingga cair dan licin. Gerimis di atas bar. Potong kepada 24 bar.

98. Timbunan jerami ramen Buckeye

Menghasilkan 12 Kluster

bahan-bahan

- 1 cawan mentega kacang
- 8 auns cip coklat separuh manis atau gelap
- 1-3 auns pakej ramen, apa-apa perisa, buang paket perisa

Arah

1. Pecahkan ramen kepada kepingan kecil dan ketepikan.
2. Letakkan kertas lilin di atas loyang dan ketepikan.
3. Dalam periuk sederhana dengan api perlahan, satukan mentega kacang dan coklat dan kacau selalu sehingga cair dan rata.
4. Masukkan kepingan ramen dan kacau hingga sebati dan salutkan sepenuhnya.

5. Keluarkan dari api dan titiskan dengan sudu bulat ke atas loyang yang disediakan.

6. Letakkan dalam peti sejuk untuk set sepenuhnya. Kemudian nikmatilah!

99. Biskut Mee Ramen

Hidangan 2

bahan-bahan

- 3 bungkus mee ramen sebarang perisa
- 1 paket cip coklat putih saiz biasa
- 2 sudu besar mentega
- 1 pakej saiz biasa m&m
- 1 c kismis

Arah

1. Letakkan sekeping kertas atau kertas lilin di kawasan kerja anda.

2. Pecahkan mee Ramen kepada kepingan kecil dan masukkan ke dalam mangkuk. Ketepikan paket perisa untuk kegunaan lain.

3. Dalam kuali masukkan mentega dan biarkan ia panas sehingga ia berwarna coklat muda. Masukkan mee hingga keperangan

4. Cairkan coklat putih anda dalam ketuhar gelombang mikro atau ayam pedaging berganda sehingga ia lembut dan anda boleh menggabungkan Bahan-bahan lain.

5. Masukkan kismis, m&m's dan mee dan gaul sebati dengan coklat putih.

6. Titiskan adunan dengan sudu pada sekeping kertas atau kertas lilin dan biarkan set sehingga biskut mengeras dan kemudian simpan dalam bekas kering yang sejuk.

100. ais-krim-ramen goreng

bahan-bahan

- 1 paket Mi Ramen, sebarang perisa
- 8 scoop Ais Krim Vanila, dibahagikan
- 1/4 c. badam, dicincang halus
- 1/2 cawan madu
- 4 Sudu Besar Sirap Coklat
- Krim putar, pilihan
- 2 Sudu Besar Mentega
- ais-krim-ramen goreng

Arah

1. Panaskan mentega dalam kuali kecil, masukkan mi ramen yang kering dan hancur. Tumis ramen sehingga garing dan berwarna perang.

2. Kecilkan api sedikit dan masukkan madu ke dalam ramen tumis, kacau perlahan-lahan sehingga mula menggelegak. Masukkan badam cincang halus. Tuangkan

ke atas 4-6 mangkuk - setiap satu berisi dua sudu ais krim vanila.

3. Siram setiap "Ais Krim Goreng" dengan 1 sudu besar sirap Coklat. Tambah sebiji krim putar ke atas dan hidangkan segera.

KESIMPULAN

sungguh perjalanan! Mengetahui hidangan Jepun yang hebat sekali gus berbaloi untuk dilalui... dan jika anda merancang untuk menganjurkan parti bertema Asia, ini adalah masa yang baik untuk mula mempraktikkan kemahiran masakan Asia anda dan berbangga dengan diri anda. Jadi, jangan ragu untuk mencubanya satu persatu dan ingat untuk memberitahu kami bagaimana ia berlaku.

Masakan Jepun terkenal dengan kepelbagaian hidangannya dan gabungan rempah-rempah yang jarang ditemui yang biasanya hanya ditanam di Jepun.

Selamat Memasak Makanan Jepun!

www.ingramcontent.com/pod-product-compliance
Lightning Source LLC
Chambersburg PA
CBHW070500120526
44590CB00013B/703